Zum letzten Abschied

Franz Rieder

Zum letzten Abschied

Trauerreden halten
Kondolenzschreiben formulieren
Todesanzeigen gestalten

Bechtermünz

Carl Zuckmayer, Abschiedsrede für Ödön von Horváth
Abdruck mit freundlicher Genehmigung der S. Fischer
Verlag GmbH, Frankfurt am Main

Illustrationen: Kathrin Binder, Nördlingen (S. 34, 37, 49, 122),
Ingrid Wenger, Münster (S. 4, 40, 59, 67, 130)
Redaktion: Michaela Mohr, Augsburg
Layout und Satz: Külen und Grosche, Augsburg
Einbandgestaltung: Studio Höpfner-Thoma, München
Einbandmotiv: Tony Stone Bilderwelten, München
Gesamtherstellung: Offizin Andersen Nexö – ein Betrieb der
INTERDRUCK Graphischer Großbetrieb GmbH
Printed in Germany
ISBN 3-8289-1863-8

2005 2004 2003 2002 2001 2000

Die letzte Jahreszahl gibt die aktuelle Ausgabe an.

Vorwort

Der Verlust eines Menschen ist immer mit Schmerz und Trauer, Tränen und Leid verbunden. Dieses Buch will Ihnen helfen, mit dieser Situation umzugehen. Sie finden Hilfe und Anregungen, wenn Sie eine Trauerrede halten, eine Anzeige aufgeben oder ein Beileidsschreiben formulieren müssen.

Das Buch beinhaltet eine Fülle von Musterbeispielen aus allen Bereichen des Lebens als Orientierungshilfe und Arbeitsgrundlage. Die Beispiele sind nicht als Kopiervorlagen gedacht, sondern als Wegweiser für Aufbau, Form und Gestaltung von Reden, Anzeigen und Briefen oder Karten. Sie müssen Ihren persönlichen Stil wählen, der diesem Anlass angemessen ist. Die Muster zeigen Ihnen nur Möglichkeiten auf, wie eine Rede oder ein Brief aufgebaut und ausformuliert sein kann, wie eine Anzeige aussehen kann. Außerdem finden Sie zahlreiche Volksweisheiten, Zitate und Gedichte, die Sie verwenden und einsetzen können. Eine weitere Hilfe sind die verschiedenen Formulierungen, die Ihnen Anhaltspunkte für Ihre eigenen individuellen Texte geben.

Daneben informiert Sie das Buch über Symbolik, Brauchtum und Rituale, die in Zusammenhang mit Tod und Trauer stehen – vom Umgang mit der verstorbenen Person bis zur Gestaltung der Trauerschleife, von der Totenmesse bis zur musikalischen Ausgestaltung. Abschließend erhalten Sie nützliche Hinweise dazu, was bei einem Todesfall unbedingt zu beachten und zu erledigen ist.

Wenn Sie eine Trauerrede halten müssen

Eine Trauerrede wird aus einem außergewöhnlichen Anlass, an einem außergewöhnlichen Ort und meist vor einem außergewöhnlichen Publikum gehalten, das oft nur zu diesem Anlass zusammenkommt. Die Trauerrede beinhaltet einen besonders starken Situationsbezug. Die Situation der Trauer und des Abschieds von einem nahe stehenden Menschen muss angemessen ausgedrückt werden.

Sie sind der Redner und stehen einem Publikum gegenüber, das Sie mit Ihrer Rede erreichen wollen. Darüber müssen Sie sich vor der Rede klar werden. Ihre Rede versteht sich als letztes Gespräch, als letzter Dialog mit dem Verstorbenen. Neben den Angehörigen und Hinterbliebenen sprechen Sie vor allem die Person des Verstorbenen an. Trotzdem müssen Sie vorher wissen, vor welchem Publikum und in welcher Funktion Sie sprechen. Das hat einen maßgeblichen Einfluss auf den Stil Ihrer Rede. Wenn Sie ein intellektuelles Publikum vor sich haben, können Sie beispielsweise mehr Fremdwörter einsetzen. Der emotionale Gehalt Ihrer Rede ist davon abhängig, in welchem Verhältnis Sie zu Ihrem Publikum stehen, wie gut Sie die einzelnen Anwesenden kennen. Vermeiden Sie eine zu emotionale Ausrichtung Ihrer Rede bei einem Publikum, das nicht nur aus nahen Angehörigen, Freunden und Vereinsmitgliedern besteht.

> ***Ihre Aufgabe ist es, die verstorbene Person zu loben und den Hinterbliebenen Trost zu spenden.***

Wie Sie eine Trauerrede vorbereiten

Im Mittelpunkt Ihrer Vorüberlegungen und Vorbereitungen steht die verstorbene Person. Sie müssen über diese Person und ihr Leben nachdenken. Nehmen Sie diesen Vorgang des Nachdenkens in dieser Situation wörtlich: Sie denken dem oder der Verstorbenen nach. Vergegenwärtigen Sie sich zuerst, wie Ihr Verhältnis beschaffen war. Überlegen Sie, ob sich Gemeinsamkeiten in der Freizeit, bei den Hobbys oder im Beruf feststellen lassen. Beschaffen Sie sich bzw. recherchieren Sie den Lebenslauf des Verstorbenen.

Die Materialsammlung über den Verstorbenen bleibt Ihnen auf keinen Fall erspart, gleichgültig ob Sie eine Rede frei halten oder nach einem schriftlich ausformulierten Konzept. Dabei sind Sie nicht nur auf Ihr eigenes Wissen über den Verstorbenen angewiesen, sondern müssen gegebenenfalls auch Fragen an andere Personen wie z. B. Angehörige oder den geistlichen Beistand richten. Oder Sie halten sich an schriftliche Quellen wie persönliche Hinterlassenschaften des Verstorbenen (Urkunden, Briefe, Lebensläufe etc.), sofern Sie diese einsehen können und dürfen.

Fragen zur Person:

- *Geschlecht, Alter*
- *Ausbildung, Beruf*
- *Soziale Stellung*
- *Schicksal*
- *Körperbeschaffenheit*
- *Wesensart, Neigungen*
- *Lebenslauf*

Fragen zu den Todesumständen:

- *Ursache*
- *Ort, Zeit*
- *Art und Weise*
- *Ähnlichkeit, Vergleich*
- *Ausblick als Trost*

Überlegen Sie sich, welche praktischen und menschlichen Folgen der Tod für die Hinterbliebenen hat. Das bedingt, wie Sie Ihre Worte des Trostes wählen, falls diese überhaupt angebracht sind. Das hängt von Ihrer ganz privaten Empfindung ab. Im Zweifelsfall müssen Sie aus der Situation heraus entscheiden, je nachdem wie die Hinterbliebenen auf den Tod im Allgemeinen und im Besonderen auf Ihre Rede reagieren. Auch in diesem Fall gilt: Weniger ist mehr! Wichtig ist aber grundsätzlich, dass Ihre Worte ein ehrliches Gefühl vermitteln.

In einem nächsten Schritt notieren Sie sich, was Sie über die verstorbene Person wissen bzw. zusammengetragen haben. Gehen Sie dabei nach dem klassischen Nachrichtenschema vor, indem Sie folgende Fragen stellen: Wer war der Verstorbene? Dazu gehört der Name, das Geburts- und Sterbedatum, der Familienstand, Kinder, Enkelkinder, Beruf etc. Wo hat er gelebt? Wie hat er gelebt und gearbeitet? Wann ist er erkrankt, verstorben? Wie ist er verstorben? Seit wann kannten Sie den Verstorbenen?

Das gesammelte Material wird in einen zweckmäßigen Zusammenhang gebracht. Die Gliederung des Materials bzw. des Stoffes richtet sich nach der Redeabsicht. Bevor Sie Ihre Rede ausarbeiten, verfassen Sie eine Gliederung, die sich an der chronologischen Reihenfolge der Lebensphasen des Verstorbenen orientiert, und markieren Sie herausragende Ereignisse.

Wie Sie die Rede ausarbeiten

Die Gliederung füllen Sie dann mit Stichworten zu den oben genannten Fragen. Verwenden Sie zu jedem Gliederungspunkt drei bis maximal fünf Sachgesichtspunkte. Ihre sachlichen Ausführungen schmücken Sie anschließend mit passenden Zitaten. Wenn Sie kein sehr sicherer und routinierter Redner sind, dann sollten Sie die Rede nicht nur in Stichworten, sondern in ganzen Sätzen ausformulieren. Beginnen Sie mit dem Satz, der Ihnen spontan zu einem der Gliederungspunkte einfällt. Arbeiten Sie die Punkte nicht der Reihe nach durch, indem Sie minutenlang überlegen, bis Ihnen zu dem entsprechenden Punkt ein Wort oder ein Satz einfällt. Das wäre reine Zeitverschwendung! Schreiben Sie einfach aus dem Bauch, dem Gefühl heraus. Am Ende ordnen Sie das Geschriebene zu und überarbeiten es daraufhin noch einmal.

Achten Sie auf eine kurze, aber nicht zu knappe Darstellung der Sachverhalte. Das Bemühen um Kürze soll aber nicht zu Auslassungen führen. Vermeiden Sie überflüssige Hinzufügungen und Wiederholungen. Verwenden Sie kurze Sätze mit maximal einem Nebensatz, das fördert die Verständlichkeit beim Publikum. Simulieren Sie ein Gespräch mit dem Verstorbenen. Stellen Sie Fragen und geben Sie Antworten.

Von besonderer Bedeutung für den Vortrag der Rede ist die optimale Gestaltung und Lesbarkeit der schriftlichen Vorlage. Vermeiden Sie eine handschriftliche Vorlage mit unleserlichen bzw. durchgestrichenen Worten und Passagen. Die Vorlage sollte ein maschinengeschriebener Text sein. Wählen Sie eine ausreichende Schriftgröße und einen weitläufigen Zeilenabstand, markieren Sie einen neuen Gesichtspunkt mit einem neuen Absatz. Bestimmte wichtige Begriffe, die das inhaltliche Gerüst der Rede ausmachen, sollten Sie markieren oder durch Unterstreichung hervorheben.

> **!** ***Merken Sie sich im Manuskript die Sprechpausen an, am besten mit verschiedenen Farben für lange oder kurze Pausen. Und kennzeichnen Sie, wann Sie lauter oder leiser sprechen wollen.***

Lesen Sie sich die Rede mehrmals durch. Prägen Sie sich das Bild der hervorgehobenen Stichpunkte ein. So können Sie die gegliederte Rede vor Ihrem inneren Auge ablaufen lassen. Ideal wäre, wenn Sie Ihre Rede einer Person vortragen könnten oder Sie nehmen Ihre Rede auf Band auf. Dadurch können Sie überprüfen, ob die Redevorlage sich leicht sprechen lässt und ob sie Ihrer Sprechfähigkeit und Ihrem Sprechrhythmus angepasst ist. Lesen Sie dazu Ihre Rede mehrmals laut vor. Zudem haben Sie dann eine Vorstellung, wie lange Ihre Rede dauert.

Wie Sie die Rede vortragen

Machen Sie sich vorher mit den örtlichen Gegebenheiten vertraut. Es spielt eine große Rolle, ob Sie in einem geschlossenen Raum sprechen oder am offenen Grab unter freiem Himmel. Hier müssen Sie beispielsweise das Wetter mit berücksichtigen. Ebenso ist eine große oder geringe Entfernung zum Publikum von Bedeutung. Dieses Distanzverhältnis ist ausschlaggebend für die Reichweite Ihrer Mimik, Ihrer Gestik und nicht zuletzt für die Wahl der Lautstärke Ihrer Stimme.

> ***Verlagern Sie beim Reden das Gewicht immer von der Ferse auf die Fußspitze und nicht von einem Bein auf das andere.***

Falls Sie zu einem Rednerpult gehen müssen, achten Sie darauf, dass Sie aufrecht schreiten. Bemühen Sie sich um einen ruhigen, nicht hektischen Bewegungsablauf. Souveräne, freie Bewegungen strahlen auf das Publikum Sicherheit aus. Überlegen Sie sich vorher oder überprüfen Sie, wie Sie zu gehen haben, dann vermeiden Sie unsicheres Zögern und Umwege, die Sie nervös machen.

Wenn Sie Ihren Standpunkt vor dem Publikum eingenommen haben, sollten Sie mit beiden Beinen einen sicheren Stand auf dem Boden haben. Lassen Sie die Kraft der Erdanziehung auf sich wirken. Sie können auch leicht in die Knie gehen bzw. auf den Fußspitzen nach vorne wippen. Wichtig ist, dass Sie nicht starr und steif, völlig unbeweglich mit beiden Beinen auf dem Boden stehen bleiben. Das Vorsetzen eines Fußes vermittelt souveräne Beweglichkeit und zeigt, Sie sprechen dem Publikum zugewandt. Auf Ihre Körperhaltung müssen Sie besonders achten, wenn Sie die Rede am Grab halten. Sie haben in diesem Fall kein Rednerpult oder Mikrofon, das Ihnen Halt geben kann, sondern Sie stehen frei und Ihre ganze Statur ist sichtbar und wirkt.

Bevor Sie mit dem Sprechen beginnen, sollten Sie das Publikum mit Ihren Augen fixieren und durch ein kurzes Schweigen die Aufmerksamkeit herstellen. Zudem gewinnen Sie durch dieses kurze Warten, diese anfängliche Sprechpause, mehr Sicherheit. Eine entspannte Atmosphäre schaffen Sie, indem Sie am Anfang Ihre Hände in einer ruhigen Position halten – legen Sie z. B. die Fingerspitzen aneinander. Wenn die Entfernung zu den Zuhörern einen Blickkontakt ermöglicht, dann konzentrieren Sie sich nicht nur auf eine Richtung und auf eine Person, sondern nehmen Sie alle Anwesenden in den Blick. Dieser Blickkontakt ist für Sie eine Orientierungshilfe, wie Ihre Rede wirkt, und signalisiert dem Publikum Ihre Souveränität.

Die richtige Sprechtechnik

Die Aufregung vor Beginn der Rede bekommen Sie am besten unter Kontrolle, wenn Sie die richtige Atmung und Sprechweise haben. Damit Sie tief und gut durchatmen können, müssen Sie langsam sprechen. Beachten Sie die Interpunktion. Nehmen Sie den Punkt am Satzende als Gelegenheit wahr, tief durchzuatmen. Die Sprechpause gibt Ihnen Gelegenheit, die Wirkung Ihrer Worte abzuwarten, und erzeugt gleichzeitig Spannung.

Wenn Ihre Rede nicht zu einem gleichförmigen Vortrag werden soll, wechseln Sie das Sprechtempo. Zugleich sollten Sie darauf achten, dass Sie nicht immer in der gleichen Tonhöhe sprechen, variieren Sie die Modulation Ihrer Stimme. Sprechen Sie einmal in einer tiefen Tonlage und dann wieder in einer höheren Stimmlage. Dadurch wirkt Ihr Redefluss dynamischer und Sie ziehen Ihr Publikum stärker in Ihren Bann. Dazu gehört auch die unterschiedliche Lautstärke. Wählen Sie die Lautstärke aber so, dass sie Ihrer Stimme entspricht. Sprechen Sie keinesfalls so laut, dass Ihre Stimme brüchig wird, aber auch nicht so leise, dass die Zuhörer Sie nicht mehr oder nur mit Mühe verstehen können. Wenn Sie zu leise sprechen, muss das Publikum zwar aufmerksam zuhören, aber es entsteht dadurch eine angespannte Atmosphäre.

> ***Variieren Sie bei Ihrer Rede***
> - *Sprechtempo*
> - *Tonlage*
> - *Lautstärke*

Damit Ihr Publikum Ihre Worte gänzlich versteht, achten Sie auf eine vollständige und klare Aussprache der Worte. Vermeiden Sie, Endsilben zu verschlucken oder stellenweise in Dialekt zu verfallen. Die Deutlichkeit des gesprochenen Wortes ergibt sich durch eine klar akzentuierte Aussprache und Intonation. Diese können Sie zur Hervorhebung bzw. zur Steigerung der Wirkung durch eine angemessene Gestik und Mimik unterstützen.

Zitate

Aber der Mensch denkt stets, dass der Tod weit weg ist.
Als ob er unsterblich wäre. Premtschand

Alles geht weiter wie eh und je, versteht sich, aber du, du wirst zu Grabe getragen und verscharrt. Ja, gerade das ist so schwer zu fassen. Schukschin

Auch der Umstand, dass die meisten Menschen den Tod fliehen, ist ein Beweis für die Liebe der Seele zur Erkenntnis. Denn sie flieht, was sie nicht erkennt, das Dunkle, Unklare, und trachtet ihrer Natur entsprechend nach dem Hellen und Erkennbaren. Aristoteles

Das einzige Mittel gegen Geburt und Tod besteht darin, die Zeit dazwischen zu nützen. George de Santayana

Das ist ein Augenblick, der alles erfüllt, alles, was wir ersehnt, geträumt, gehofft, gefürchtet: Das ist der Tod. Johann Wolfgang von Goethe

Das Leben ist nur ein Moment, der Tod ist auch nur einer. Friedrich von Schiller

... der Tod ist etwas so Alltägliches und Natürliches, dass es Zeit wird, sich an ihn zu gewöhnen und nur noch an ihn zu denken, damit er uns nach einem guten Leben trifft. Leo Tolstoi

Das Leben tröstet über den Tod, und der Tod über das Leben. Théodore Simon Jouffroy

Der Mensch lebt nur halb während seines Lebens, und das Leben der Seele fängt erst mit dem Tode des Leibes an. Jean-Jacques Rousseau

Der Schlaf ist ein Abbild des Todes. Cicero

Dein Tod gliedert sich in die Weltordnung ein, er ist ein Stück Leben dieser Welt. Michel Eyquem Montaigne

Der Tod eines Guten ist Unglück vieler. P. Syrus

Der Tod, er wäre ein Traum, wenn man ab und an ein Auge öffnen könnte. Jules Renard

Beim Tod eines geliebten Menschen schöpfen wir eine Art Trost aus dem Glauben, dass der Schmerz über unsern Verlust sich nie vermindern wird. Marie von Ebner-Eschenbach

Der Tod begleitet uns auf Schritt und Tritt und lässt uns in den Augenblicken, wo das Leben uns lacht, die Süße des Lebens nur umso tiefer empfinden. Theodor Fontane

Zitate

Der Tod ist das Ende aller Dinge des menschlichen Lebens, nur des Aberglaubens nicht. Plutarch

Der Tod ist das Ende des Lebens für den Bösen und der Anfang des Lebens für den Gerechten. Jean-Jacques Rousseau

Der Tod ist die Ruhe, aber der Gedanke an den Tod ist der Störer jeglicher Ruhe. Cesare Pavese

Der Tod ist eigentlich nur die Angst vor dem Tode. Martin Luther

Der Tod ist eine Selbstbesiegelung – die, wie alle Selbstüberwindung, eine neue leichtere Existenz verschafft. Novalis

Dem Lichte zu – deine letzte Bewegung; ein Jauchzen der Erkenntnis – dein letzter Laut. Friedrich Nietzsche

Denn niemand kennt den Tod, und niemand weiß, ob er nicht vielleicht das größte Gut für den Menschen ist. Platon

Denn vor und nach dem irdischen Leben gibt es kein irdisches, aber doch ein Leben. Jean Paul

Der Tod äfft die Geburt, beim Sterben sind wir so hilflos und nackt wie neugeborne Kinder. Georg Büchner

Der Tod ist kein Abschnitt des Daseins, sondern nur ein Zwischenereignis, ein Übergang aus einer Form des endlichen Wesens in eine andere. Wilhelm von Humboldt

Der Tod ist kein Übel, denn er ist ein unzweifelhaftes Gesetz Gottes. Leo Tolstoi

Der ist der glücklichste Mensch, der das Ende seines Lebens mit dem Anfang in Verbindung setzen kann. Johann Wolfgang von Goethe

Der Tod ist losgelöst vom Schicksal; die Erde nimmt alles auf, was sie hervorgebracht hat. Lukan

Der Tod ist nur ein Augenblick, aber er ist ein so wichtiger Augenblick, dass ich leicht viele Tage meines Lebens dafür gäbe, um ihn zu überstehen, wie ich möchte. Michel Eyquem Montaigne

Der Tod ist so nahe, dass sein Schatten stets auf uns fällt. Geiler von Kaysersberg

Der Tod ist kein Schnitter, der Mittagsruhe hält; er mäht zu allen Stunden und schneidet sowohl das dürre wie das grüne Gras. Miguel de Cervantes

Zitate

... der Tod ist unser aller Erbteil und kommt am besten, wenn er plötzlich kommt. Oscar Wilde

Der Tod ist, ebenso wie die Geburt, ein Geheimnis der Natur, hier Verbindung, dort Auflösung derselben Grundstoffe ... Marc Aurel

Der Tod ist nur des Lebens Widerschein. Victor Hugo

Der Tod geht uns nichts an; denn was sich aufgelöst hat, ist ohne Empfindung; was aber ohne Empfindung ist, geht uns nichts an. Epikur

Der Tod stellt dem Menschen das Bild seiner selbst vor Augen. Friedrich Hebbel

Der Tod vernichtet uns oder er befreit uns; den Befreiten verbleibt das Bessere, sie sind von ihrer Last befreit; sind wir vernichtet, so bleibt uns nichts, Gutes wie Schlimmes ist behoben. Seneca

Der tiefe Strom des wahren Lebens wird durch den Tod nicht unterbrochen. Leo Tolstoi

Die Gewissheit des Todes wird etwas gemildert durch die Ungewissheit seines Erscheinens; er ist eine unbestimmte Größe in der Zeit, die etwas vom Unendlichen an sich hat und von dem, was man Ewigkeit nennt. Jean de la Bruyére

Die Klage, sie wecket die Toten nicht auf. Friedrich von Schiller

Die Glocken klingen, klingen viel anders denn sonst, wenn einer einen Toten weiß, den er lieb hat. Martin Luther

Die Menschen haben vor dem Tod zu viel Achtung, gemessen an der geringen Achtung, die sie vor dem Leben haben. Henry de Montherlant

Die Menschen fürchten den Tod, gleichwie Kinder sich fürchten, ins Dunkel zu gehen ... Francis Bacon

Der Tod trägt uns den Gewinn ein, von den Überlebenden gelobt zu werden, oft ohne ein anderes Verdienst, als dass wir nicht mehr leben. Jean de la Bruyére

Die Erfahrungstatsache, dass alle Menschen sterben müssen, ist keinem von uns so tief ins Unterbewusstsein gedrungen, dass sich nicht sein letztes Innerstes mit aller Macht wehrte gegen die Vorstellung einer Welt, die ohne ihn weiterexistieren könnte. Lion Feuchtwanger

Kein Mensch auf Erden kann dem Tod entrinnen, und keinen gibt es, welcher sicher weiß, ob er den nächsten Tag am Leben bleibt. Euripides

Drei Dinge überleben den Tod. Es sind Mut, Erinnerung und Liebe. Lindbergh

Zitate

Erst der Tod und die letzten Minuten, Stunden und Jahre geben dem Leben Sinn. Leo Tolstoi

Es gibt keinen Trost über den Tod hinaus, weil der Tod selbst schon der Trost ist. D. Sternberger

Gefasster ist der, der unmittelbar vor dem Tod steht, als der in der Nähe des Todes. Der Tod nämlich, ist er zur Stelle, gibt auch Unkundigen den Mut, nicht auszuweichen dem Unausweichlichen. Seneca

Es ist ein Schnitter, der heißt Tod, hat Gewalt vom höchsten Gott. Clemens Brentano

Es ist mir, als kennte man nicht das ganze Leben, wenn man nicht den Tod gewissermaßen in den Kreis einschließt. Wilhelm von Humboldt

Gegen alles Übrige vermag man sich Sicherheit zu verschaffen, wegen des Todes aber bewohnen wir Menschen alle eine unbewehrte Stadt. Epikur

Glücklich nenn' ich den, dem des Daseins letzte Stunde schlägt in seiner Kinder Mitte. Franz Grillparzer

Glücklich der, welcher in seinem Schmerz über den Tod eines geliebten Menschen nur die Leere, die Vereinsamung, den Verlust zu beweinen hat; denn schwerer und bitterer sind die Tränen, welche sühnen sollen, was entschwundene Tage von Mangel an Liebe zu dem Toten gesehen haben, an dem man nichts von dem, was verbrochen worden, wieder gutmachen kann. Jens Peter Jacobsen

Ich habe vor dem Tod nur Angst gehabt, solange ich glücklich war. Triolet

In die gleichen Ströme steigen wir und steigen wir nicht; wir sind es und sind es nicht. Das, was ist, zerstreut sich und tritt zusammen und geht heran und geht fort. Fest ist nichts. Heraklit

Je größer unsere Achtung vor dem Leben ist, je stärker unser eigener Lebenswille uns zwingt, den fremden Lebenswillen anzuerkennen, umso ehrfürchtiger werden wir das Phänomen des Todes begreifen: als Mahnung des irdischen Lebens, bis zu seiner Grenze lebendigen Geistes zu sein und die Aufgaben des Lebens zu erfüllen. Mühsam

Ist doch jede Wunde unheilbar, die der Tod geschlagen hat! Petrarca

Lernt den Sinn des Todes fassen und das Wort des Lebens finden. Novalis

Rache triumphiert über den Tod; Liebe missachtet ihn; Ruhm erstrebt ihn; Kummer flieht ihm zu; Furcht nimmt ihn vorweg ... Francis Bacon

Tod ist Gleichmut, aber Leben Hoffnung. Euripides

Wie eine Rede aufgebaut ist

Für eine kurze Rede genügt ein zweigliedriger Aufbau: nach der Begrüßung folgt ein kurzer Abriss des Lebens und dann Trauer über den Tod und Trost für die Hinterbliebenen. Der Vorteil einer kurzen Rede ist Klarheit und Übersichtlichkeit. Eine kurze Rede ist vor allem in Erwägung zu ziehen, wenn mehrere Redner den Verstorbenen würdigen. Eine mittellange bis lange Rede folgt dem dreigliedrigen Aufbau: Einleitung, Mittelteil und Schluss. Wobei im Mittelteil nach den Lebensphasen die besonderen Fähigkeiten des Verstorbenen gewürdigt und dazu noch besondere Verdienste herausgestellt werden. Der Aufbau einer Trauerrede muss nicht einer genau festgelegten Reihenfolge entsprechen, die der zeitlichen Ordnung folgt: Jugend – Mitte des Lebens – Alter. Sie kann durchaus ein Stimmungsbild zeichnen, das assoziativ, d. h. relativ unverbunden, einzelne Gesichtspunkte aus dem Leben des Verstorbenen aneinander reiht.

Die Begrüßung

Den Anfang jeder Rede bildet die Anrede des Publikums. Die dem Verstorbenen nahe stehenden Angehörigen können Sie entsprechend Ihrem Verhältnis zu den Anwesenden auch mit »Liebe Mittrauernde« anreden. Wenn sich unter dem Publikum so genannte »Honoratioren« befinden, werden diese nach der Reihenfolge in der »Hierarchie« genannt. Eine verstärkende Wirkung erreichen Sie durch die Wiederholung der Anredeformel und indem Sie eine Steigerung aufbauen – vom Allgemeinen zum Persönlichen.

Beispiel

Liebe Trauergemeinde, liebe Betriebsangehörige, liebe Familienangehörigen, liebe verehrte Frau Wagner ...

Wenn Sie und Ihre Funktion als Redner dem Publikum nicht bekannt sind, dann teilen Sie das nach der Begrüßung der Anwesenden kurz mit. Das Publikum will wissen, wer Sie sind und warum gerade Sie sprechen.

Beispiel

Ich spreche hier in der Funktion des Abteilungsleiters, des Vereinsvorsitzenden etc. ... und stehe seit vielen Jahren zu Herrn Wagner in diesem oder jenem Verhältnis. Gemeinsam haben wir dieses oder jenes Ziel verfolgt.

Die Einleitung

Wenn man von Ihrer Vorstellung als Redner absieht, dann besteht der Einstieg, die Einleitung einer Trauerrede darin, eine emotionale Atmosphäre aufzubauen, das Publikum einzustimmen auf den Anlass der Trauer. Sie haben die Aufgabe, ein kollektives Trauern auszulösen. Sie appellieren an das Wir-Gefühl, an das Miteinander, an das Mitgefühl, an das Mitleid. Mit der Situation angemessenen Formulierungen stellen Sie eine Verbundenheit der anwesenden Trauernden her.

Beispiele

- ***Wir, die wir hier heute an diesem Grabe stehen, ...***
- ***Wir stehen hier am Grabe einer Frau/eines Mannes, ...***
- ***Sie, die heute hier zusammengekommen sind, um gemeinsam ...***
- ***Ihrer aller wird sich ein ähnliches Gefühl bemächtigt haben ...***
- ***Wir fühlen alle das Gleiche, ...***

Der Mittelteil

Der Mittelteil der privaten Trauerrede besteht aus der Klage, der Trauer um den Verstorbenen und aus dem Trost für die Hinterbliebenen. Wobei beide Teile unvermittelt nebeneinander stehen und die gleichen Argumente durchaus in ein und derselben Rede gebraucht werden können. Gegenüber dem klagenden hat der tröstende Teil ein leichtes Übergewicht.

In diesem Teil würdigen Sie die verstorbene Person, bedauern den Verlust, äußern Schmerz und Betroffenheit über das Ableben. Wobei Sie die Besonderheit gerade dieser Person betonen, indem Sie Höhepunkte aus ihrem Lebenslauf sowie hervorstechende Charaktereigenschaften herausgreifen und mit lobenden Worten darstellen. Vermeiden Sie das Streben nach Vollständigkeit, indem Sie wie in einem Lebenslauf für eine Bewerbung das Leben des Verstorbenen auflisten. Stattdessen zeichnen Sie aus verschiedenen Blickwinkeln und in Ausschnitten das Stimmungsbild eines Lebens. Das folgende Grundschema können Sie dem Anlass entsprechend variieren:

Sie gehen von der allgemeinen Beschreibung der Lebensumwelt des Verstorbenen aus, von seiner Eingebundenheit in einen Freundeskreis, eine Partnerschaft, eine Familie, eine Lebensgemeinschaft, eine Firma, eine

Sie geben einen zusammenfassenden Überblick über das Leben der verstorbenen Person, wobei Sie Ihr Augenmerk auf die Besonderheiten dieses Lebens richten.

Behörde, einen Verein etc. Der zweite Schritt führt Sie zu den besonderen Eigenschaften, die der Person des Verstorbenen anhaften, zu bestimmenden Zügen seines Charakters, zu besonderen Begabungen. Der dritte Schritt bringt Sie zum Höhepunkt des Mittelteils, der sich mit den Leistungen des Verstorbenen in der Vergangenheit und mit seinen noch nicht verwirklichten Zielen auseinander setzt.

Für die Würdigung einer Person steht Ihnen folgende Lobtechnik zur Verfügung. Verfahren Sie nach dem Prinzip der Steigerung, d. h. Sie zeichnen das Bild einer aufsteigenden Linie.

Beispiele

Als Lehrling trat er in unsere Firma ein, auf die Gesellenjahre folgte eine ausgezeichnete Meisterprüfung, danach bildete er sich in Abendkursen zum Ingenieur weiter. Nach vielen harten und fleißigen Jahren erreichte er sein Ziel. Wir haben Herrn Joseph Leistner als kompetente Persönlichkeit kennen gelernt. Deshalb trifft uns sein unerwarteter Tod hart.

Nach der Geburt und Erziehung der Kinder suchte Frau Sabine Werner eine neue Herausforderung und kehrte wieder in das Berufsleben zurück. Zuerst arbeitete sie als Teilzeitkraft, um den Einstieg in das Berufsleben wieder zu finden. Doch sie fand Gefallen daran, machte eine Umschulung und arbeitete wieder Vollzeit. Nach einigen Jahren Berufserfahrung stieg Frau Werner zur Abteilungsleiterin auf. Wir haben Frau Werner als außergewöhnliche Persönlichkeit kennen gelernt. Deshalb ist ihr unerwarteter Tod für uns unfassbar.

Die Trauerrede stellt eine Inszenierung des Lebens einer Person dar, die für die Hinterbliebenen Vorbildfunktion haben soll. Das Leben des Verstorbenen wird in einer Form dargestellt, die zur Nachahmung anregen soll. Wenn Sie die eigene Leistung einer Person betonen wollen, sprechen Sie nicht von den Glücks- und Zufällen des Lebens, sondern betonen z. B. den unermüdlichen Einsatz, den unbändigen Willen, gegen widrige Umstände anzugehen. Sie erzählen aus dem Leben eines Menschen, schildern bestimmte Abschnitte. Sie sollten darüber hinaus auch die Person in ihrer ganz privaten Welt zeigen, die sie mit ihrem ganz individuellen Stil prägte. Zeichnen Sie die Person mit ihren Eigenarten, die diese Person von anderen unterschied. Wenn Sie die Person genau kennen, dann erwähnen Sie typische Angewohnheiten der oder des Verstorbenen, die den Zuhörern bekannt sind. So appellieren Sie an die Gefühle des Publikums, an das Wir-Gefühl, an ein gemeinsames Gedenken.

Beispiele

- ***Ja, so haben wir ihn gekannt!***
- ***Ja, das war sie!***

Der Schlussteil

Im Schlussteil nehmen Sie endgültig Abschied von dem Verstorbenen, indem Sie noch einmal Ihre Trauer äußern. Formulieren Sie einen abschließenden Gedanken, der eine Besonderheit, eine Einzigartigkeit des Verstorbenen herausstellt.

Wie Sie die Rede sprachlich gestalten können

Ihr Ziel ist, die verstorbene Person angemessen zu würdigen und ihr Bild vor den Augen der Trauergäste wieder auferstehen zu lassen. Dafür können Sie Ihre Rede entsprechend ausschmücken, beispielsweise mit einem Zitat oder einem Vers. Der Redeschmuck soll besonders die emotionale Wirkung auf den Zuhörer fördern. Er soll nicht übertrieben sein, aber Abwechslung bieten, um der Entstehung von Langeweile beim Zuhörer entgegenzuwirken. Bildhafte Elemente dienen der Veranschaulichung und dem besseren Verständnis der Rede.

Beispiele

- ***Als müder Wanderer, der nun die Erde verlässt und zur Ruhe eingeht, ist er aufgebrochen aus seinem irdischen Haus, hat seine irdische Hülle verlassen und ist mit dem Tod in eine andere Welt eingegangen.***

- *Aus Abend und Morgen, aus Alter und Jugend ist wieder ein Lebenstag geworden; er ist gekommen, ist vergangen – in diesen Rahmen, den die Zeit geformt hat, ist sein Leben eingefasst.*
- *Wie ein ruhiger Fluss strömte all die Jahre sein Leben dahin, bis die Krankheit wie ein Strudel in diesem Fluss auftauchte ...*

Bildlichkeit können Sie auch durch einen Vergleich oder eine Umschreibung erreichen. Damit variieren Sie in den sprachlichen Ausdruck und heben bestimmte Eigenschaften einer Person hervor. So können gerade in einer Trauerrede Personen durch ihr Amt, ihre Charaktereigenschaften, ihre Leistungen, ihre Funktionen, ihre Herkunft, ihre soziale Kompetenz umschrieben werden. Diese Elemente machen Ihre Rede lebendig und fesseln die Zuhörer.

Beispiele

- *Der nimmermüde Vorsitzende, der gebürtige Münchner, der Strafstoßkönig, die Tänzerin, der Ausdauernde, die Kreative etc.*
- *Das Leben ist wie ein nie aufhörender Regen von Worten. Herr Rainer Ebert hat in seinen Werken die Worte gesammelt und ausgewählt nach der ihm eigenen Art ...*
- *Er kämpfte all die Jahre gegen seine Krankheit wie ein Löwe.*

Das Werden und Vergehen in der Natur, das Blühen und Welken der Blumen kann mit dem menschlichen Leben in Verbindung gebracht werden. Blumen, Pflanzen und Bäume können in Ihrer Trauerrede als Sinnbilder des Lebens, als Hinweise auf die Vergänglichkeit des Lebens, aber auch als Spiegelungen von Freude und Leid eingesetzt werden. Über Blumen, Blüten und Natur lassen sich Emotionen herstellen:

Beispiele

- *Die Menschen erblühen, stehen in der Blüte ihrer Jahren und unterliegen wie alles in der Natur dem Gesetz der Vergänglichkeit.*
  ... und erblühen wieder im Garten der ewigen Blüten.
- *Was sind wir? Unser Leben, es gleicht der in der Morgenfrühe aufblühenden Rose ...*
- *Ein Mann wie eine Eiche, deren Krone einem Blitzschlag gleich von diesem schrecklichen Unfall ...*

Der adjektivische Stil bietet sich für Sie als Trauerredner bei der Würdigung, dem Lob des Verstorbenen an. In diesem Zusammenhang haben die Adjektive im wahrsten Sinne des Wortes schmückende Funktion. Dadurch steigern Sie die Ausdruckswirkung.

Beispiele

Ein Mensch von tadellosem Charakter, von äußerster Sorgfalt, ein offener Mensch, ein kommunikativer Mensch, eine ausgeprägte Persönlichkeit, ein warmherziger Charakter, ein Mensch mit sozialer Kompetenz, ein Mensch mit einem offenen Ohr, ein stets hilfsbereiter Mensch, ein witziger Mensch ...

Die Wiederholung bestimmter Kernwörter auch in der Form von Fragen verleiht der Rede Lebendigkeit und den Aussagen größeren Nachdruck und dient dadurch der Intensivierung der Wirkung, wenn z. B. Worte in aufeinander folgenden Sätzen aufgegriffen und mehrfach genannt werden. Diese Wörter werden dadurch besonders hervorgehoben, wirken eindringlicher und nachdrücklicher als bei einmaliger Nennung.

Beispiele

- *Traurig stehen wir hier an deinem Sarg,*
traurig sprechen wir die letzten Worte zu dir.
- *Unsere Großmutter, die immer für uns alles gegeben hat,*
unsere Großmutter, die nie für uns eine Mühe gescheut hat,
unsere Großmutter, die wir heute hier zu Grabe tragen müssen,
wird immer für uns leben.
- *Herr Freiberg war der Motor unseres Vereins.*
Als Motor des Vereins zeigte sich Herr Freiberg auch in dieser Angelegenheit. Er war auch Motor bei der Gestaltung unseres Jubiläumsfestes. Deshalb bedauern wir zutiefst, dass dieser Motor – erlauben Sie mir die Verwendung dieses Bildes – nun stehen geblieben ist und seine Ruhe gefunden hat.
- *Frau Rieser war immer der ruhende Pol der Familie.*
Sie war auch der ruhende Pol in unserem Kreis.
Der ruhende Pol war sie auch in ihrer Firma.
Die Ruhe dieses Pols schenkte vielen Menschen Zuversicht ...

Bibelstellen

Alles kehrt zur Erde zurück, was von der Erde ist,
und zur Höhe, was aus der Höhe kommt. Buch Jesus Sirach 40,11

Christus hat dem Tod die Macht genommen
und das unvergängliche Leben ans Licht gebracht. 2. Brief an Timotheus

Der Mensch geht in sein ewiges Haus, und die um ihn klagen,
ziehen auf der Gasse umher, und der Staub wird wieder zu Erde,
wie er gewesen, der Odem aber kehrt wieder zu Gott, der ihn gegeben.
Der Prediger 12,5,7,8

Wer sich von Gottes Geist leiten lässt, wird unvergängliches Leben ernten.
Brief an die Galater

Sei nicht bange vor dem Tod, er ist deine Bestimmung; denke daran,
dass die Ersten und die Letzten sie mit dir teilen. Buch Jesus Sirach 41,3

Deine Gnade, Herr, ist groß über mir,
du hast meine Seele errettet aus dem Totenreich drunten. Psalm 68,21

Gott ist uns ein Gott des Sieges, Gott, der Herr, errettet vom Tode. Psalm 68,21

Gott hat seinen Geschöpfen die Hoffnung gegeben, dass sie eines Tages
vom Fluch der Vergänglichkeit erlöst werden. Brief an die Römer 8,20-21

Zum Trauerlied ward mir die Laute, zu lautem Weinen die Schalmei. Hiob 30,31

Meine Seele klebt am Staube; belebe mich nach deinem Worte. Psalm 119,25

Meine Augen zerfließen in Tränen Tag und Nacht. Jeremia 14,17

Ihr werdet traurig sein,
doch eure Traurigkeit wird zur Freude werden. Johannes 16,20

Der Herr stützt alle, die da fallen, und richtet alle Gebeugten auf. Psalm 145,14

Wenn ich denke: Jetzt wankt mein Fuß, so stützt mich deine Gnade, o Herr.
Bedrückt die Menge der Sorgen mein Herz,
so erquickt dein Trost meine Seele. Psalm 94,18-19

Das ist mein Trost in meinem Elend,
dass deine Verheißung mich am Leben erhält. Psalm 119,50

Wie einen seine Mutter tröstet, so will ich euch trösten. Jesaja 66,13

Der Tod ist verschlungen in den Sieg. Tod, wo ist dein Stachel?
Hölle, wo ist dein Sieg? 1. Korintherbrief 15,54,55,57

Beispiele für Trauerreden

In diesem Kapitel finden Sie eine Fülle von Trauerreden für die verschiedenen Bereiche des Lebens, von privat bis geschäftlich. Diese sind als Muster für Sie gedacht, an denen Sie sich orientieren können. Die Beispiele können Ihnen allerdings nur als Arbeitsgrundlage für Ihre eigene Rede dienen, sie sind keine Kopiervorlagen. Der sehr sensible Anlass für eine Trauerrede fordert einen individuellen Stil, in den die Persönlichkeit mit einfließt. Sie müssen Ihre Rede selbst verfassen, nur dann werden Sie bei ihrem Vortrag glaubwürdig erscheinen.

Aber die Beispiele sollen Ihnen eine Vorstellung davon vermitteln, wie eine Trauerrede aufgebaut und ausformuliert werden kann. Denn angesichts eines Trauerfalles fällt es oftmals schwer, Empfindungen und Gefühle in Worte zu fassen. Noch schwieriger scheint es, den richtigen Ton und einen entsprechenden Stil zu treffen und sich nicht hinter pathetischen Floskeln zu verstecken.

Der Anschaulichkeit halber wird in der Regel entweder die männliche oder die weibliche Form für Anrede und Name gewählt. Selbstverständlich sind die Beispiele für jedes Geschlecht geeignet, wenn die entsprechenden Stellen geändert werden. Und auch auf ein anonymes Herr oder Frau XY wurde verzichtet, Sie finden frei erfundene Namen und Orte.

Tipp

Lesen Sie sich einige der Reden in aller Ruhe durch. So bekommen Sie ein Gefühl für Worte und Stimmung.

Die Auswahl von Trauerreden für berühmte Persönlichkeiten ist ebenfalls als Anregung und Angebot zu verstehen. Daraus können Sie gegebenenfalls Textbausteine für eine ganz besonders stilvolle Trauerrede entnehmen. Gerade die Angst davor, den falschen Ton zu treffen, verleitet dazu, vorgestanzte Sprachmuster zu verwenden. Oft ist es nur ein Schutz, um die eigenen Gefühle zu verbergen. Mit Ihren eigenen ehrlichen Worten können Sie Ihre Trauer besser zum Ausdruck bringen und den Hinterbliebenen Ihr Mitgefühl glaubhaft vermitteln. Außerdem ist jeder Todesfall eine individuelle und einzigartige Situation, die einen angemessenen Umgang erfordert. Sehen Sie in dieser Aufgabe keine bloße Pflichterfüllung, sondern eine positive Herausforderung darin, einem Menschen die letzte Ehre zu erweisen.

Trauerreden für den privaten Bereich

Für einen über 90-Jährigen

Verehrte Trauergemeinde!

»Ich hatt' einen Kameraden ... ich hatt' einen Freund ...« Nun bist auch du von dieser Welt gegangen. Am Ende eines Jahrtausends und am Beginn eines neuen hast du diese Welt verlassen.

Du hast in den 94 Jahren deines Lebens das vergangene Jahrhundert in all seinen Höhen und Tiefen erlebt. Zwei Weltkriege haben in dein Leben eingegriffen. Aber du hast dich auch von noch so widrigen Umständen nicht unterkriegen lassen. Immer wieder hast du neu angefangen. Du hast verschiedene Berufe erlernt, aber deine wirkliche Vorliebe galt immer der Natur, dem Land. Dich hat es immer in die Natur gezogen. Dort hast du dir die Kraft geholt für 94 Jahre Leben. So hast du auch hier bei uns Wurzeln geschlagen, hier hast du dir dein Domizil errichtet. Hier hast du 50 Jahre gelebt und gearbeitet.

Aber 94 Jahre wird ein Mensch nur, wenn er die richtige Frau an seiner Seite hat. Hier hast du auch deine Frau gefunden, mit der du so viele Jahre das Leben gemeistert hast. Ihr habt gemeinsam ein Haus gebaut und eine Familie gegründet, eine glückliche Familie mit vielen Kindern und Enkelkindern.

Nur das Glücklichsein, der Optimismus, eine dem Leben zugewandte Einstellung kann die Triebfeder für ein so hohes Alter sein. Denn der Optimist kennt keine Schwierigkeiten, er freut sich jeden Tag darüber, dass er lebt. Diese Freude am Leben hast du bis in das hohe Alter deinen Mitmenschen vermittelt. Du hast allen gezeigt, dass mit der Zahl der Jahre die Freude am Leben zunimmt. Denn der Erfahrungsschatz ist groß, das Alter kann viel erzählen. Und so fühltest du dich immer am wohlsten im Kreis deiner Enkelkinder. Sie hörten ihrem Opa immer gern beim Erzählen zu.

Ein erfülltes Leben ist am Beginn eines neuen Jahrtausends zu Ende gegangen. Ein Zeichen dafür, dass etwas Neues beginnt. Begreifen wir den Tod als Neubeginn. Herr Ulrich Geiger hat fast ein ganzes Jahrhundert ge-

meistert, hat in all den Veränderungen sich selbst bewahrt, ist sich und seinen Kameraden immer treu geblieben.

Wir, lieber Ulrich, sagen dir: Deine Freunde werden immer deine Freunde bleiben und dir treu sein, bis wir uns wieder sehen.

Für die Großmutter

Liebe Trauergäste!

Wir sind heute hier an diesem Ort zusammengekommen, um Abschied zu nehmen von unserer lieben Großmutter. Wir sehen sie noch vor uns sitzen, in ihrem Sessel mit ihren klaren Augen voller Glanz und Güte. Sie strahlte Zufriedenheit und Freude aus und wirkte auf uns wie eine nie versiegende Quelle der Kraft des Lebens.

Unsere Großmutter war ein Sinnbild dafür, wie die so genannten kleinen Dinge des Lebens große Freuden bereiten können. Sie hat sich eingerichtet in diesem Leben, das ihr nicht immer allzu viel freiwillig gegeben hat, sondern sie musste hart arbeiten, um sich ihren Lebensunterhalt zu verdienen in einer Zeit, die vor allem den Frauen nicht viel schenkte.

Doch ihr Glück war, dass sie ihren lieben Mann Alfred in jungen Jahren kennen lernte und mit ihm gemeinsam das Leben all die Jahre meisterte. Zusammen haben sie fünf Kinder aufgezogen und sie so gut erzogen, dass sie sich alle hervorragend ihr eigenes Leben eingerichtet haben – und zwar jeder auf seine persönliche Art. Sie kann stolz auf ihr Leben sein, sie hat ein bestelltes Feld hinterlassen.

Bis zuletzt war sie aktiv im Garten und hat ihr Gemüse und ihre Blumen gehegt und gepflegt. Diese Blumen werden auch in ihrem anderen Leben blühen, in dem Garten der Ewigkeit, in dem sie gemeinsam mit ihrem Mann wieder leben wird! In diesem Sinne verstehen wir diesen letzten Blumengruß, mit dem wir ihnen ein schmückendes Gedenken schenken! Mögen beide in Frieden ruhen inmitten blühender Blumen!

Zum Abschied im neuen Jahrtausend

Verehrte Trauergemeinde!

Wir stehen in einem neuen Jahrtausend am Grab unseres lieben Freundes Klaus. Hoch erhob sich das neue Jahrtausend einer Sonne gleich auf ragenden Säulen in einem Feuerwerk von Musik, leuchtend von funkelndem Gold und tausend Variationen von Farben. Der Mensch feiert sich selbst bei der Begrüßung der neuen Zeit und blickt nicht zurück auf die vergangene Zeit, die bewusst macht, dass dem Menschen die Vergänglichkeit anhaftet: »Sterblich bin ich, von menschlicher Art, alles verstört mich, ein Hauch nur wirft mich nieder; die Zeit, die mich erschuf, bekämpft mich auch.«

Der Beginn eines neuen Jahrtausends macht uns die Zeit bewusst. Die Zeit ist Feind des Menschen: »Sicher ist nichts vor meinem Zahn, er nagt, er genießt, flieht nicht ihr Sterblichen, denn wenn ich auch hinke, hab ich doch Flügel.«

Wir können der Zeit nicht entgehen, wohin wir auch fliehen, auch wenn wir mit Überschallflugzeugen zum zweiten Mal das neue Jahrtausend begrüßen und wir uns die Zeit untertan machen, den kurzfristigen Triumph über die Zeit genießen, arbeitet die Zeit mit der langfristigen unauffälligen Strategie der Dauer. Und am Ende zeigt sie uns, dass wir nicht von unendlicher Dauer sind, sondern von zerbrechlicher Art und endlicher Dauer.

Lieber Freund, die Dauer deines Lebens hat in einem neuen Jahrtausend ihr Ende gefunden. Auch nach zweitausend Jahren hat der Mensch den Tod noch nicht besiegt. Die Hoffnung auf Unsterblichkeit bleibt. Diese Hoffnung lässt dich auch in uns weiterleben und diesen Abschied als eine ersehnte Wiederkehr verstehen. Wir werden uns irgendwann in einer neuen Form wieder sehen in einer Zeit ohne Berechnung der Dauer, in einer Zeit der Unendlichkeit.

Lieber Freund, du hast dich aufgelöst in der Unendlichkeit, doch du lebst in uns weiter und deine Spur wird sich uns zeigen als Abdruck im All. Der Tod ist kein Abschied ohne die ersehnte Wiederkehr.

Für eine Freundin

Liebe Freundin Margaretha, verehrte Angehörige, werte Trauergäste!

Wie schwach, wie wenig tragfähig sind Worte, wenn es darum geht, am Rande des Grabes einer Freundin damit den letzten Trost zu spenden.

Es ist sicher in deinem Sinne, wenn ich die Erinnnerung an unsere heiteren Episoden in den langen Jahren unserer Freundschaft jetzt hier in dieser Grenzsituation wachrufe. Denn dann kann ich dir sagen, dass wir uns alle immer an die sonnigen, heiteren und beschwerdefreien Stunden, Tage und Jahre erinnern werden, die wir gemeinsam verbracht haben an den schönen Plätzen dieser Welt. Die Erinnerung an die schönen Erlebnisse mit dir möge uns allen den Schmerz des Verlustes etwas erleichtern. Deine Lebensfreude, dein Witz, dein Humor und deine realistische Einstellung zum Leben, gepaart mit Träumen und Fantasien, wird uns Vorbild sein und bleiben.

> **Tipp**
>
> ***Sie können ein Beispiel für ein besonders schönes Erlebnis anführen, das Sie gemeinsam hatten.***

Du hast jetzt dein Werk, dein Lebenswerk vollbracht. Uns kommt es zu, bei der Vollendung des Werkes auf den Werdegang zurückzublicken, die Stationen des Lebens eines wertvollen Menschen vor unseren Augen Gestalt werden zu lassen.

(Hier wichtige Daten und Ereignisse des Lebens aufzählen)

Es ist vermutlich nicht in deinem Sinne, wenn beim Abschied Tränen fließen, aber wer kann sie in dieser Situation verhindern? Wir fühlen mit deiner Familie und sichern ihr in der folgenden schweren Zeit unsere Hilfe und Unterstützung zu. Wir sind immer da, wenn wir gebraucht werden, deine Freunde! Und nun will ich dieses Blumengebinde als Dank und Hochachtung für all das, was du uns mit deinem Leben geschenkt hast, an deine letzte Ruhestätte legen. Ruhe in Frieden!

Für eine Freundin

Verehrte Trauergemeinde!

Die Sprachen der Menschen kennen die Tür oder das Tor als Zeichen, als Symbol für das Verlassen dieser Welt und für das Eingehen in eine andere Welt, in das Jenseits. Die Sprachen der Religionen und Mythen kennen Tore zum Himmel und zur Unterwelt. Um ihre Tempel vor dämonischen Mächten zu schützen, stellten die Ägypter häufig Löwenfiguren an die Eingänge. Die Römer hatten einen eigenen Gott des Tordurchganges, den zweigesichtigen Janus.

Die Vorstellung vom Tor zwischen Diesseits und Jenseits ist auch ein Element des biblischen Denkens. In einem Sühnepsalm klagt der König von Juda, dass er in der Mitte des Lebens scheiden müsse, »zu der Unterwelt Toren beordert«.

In unserer Vorstellung verbindet die Tür immer zwei unterschiedliche, voneinander getrennte Bereiche. Durch eine Tür verlassen wir den einen Raum und treten in den anderen. Je nachdem, ob die Tür geschlossen oder geöffnet ist, verhindert oder ermöglicht die Tür den Durchgang. Im übertragenen Sinne bedeutet Tür einfach Abschluss, Grenze: »Gott verschloss das Meer mit Türen, als es schäumend aus seinem Mutterschoß hervorquoll.«

Unsere liebe Freundin Roswitha ist über die Schwelle der Tür getreten, die das Leben mit dem Tod verbindet. Die verschlossene Tür ist ein Bild für die versäumte Möglichkeit der Rettung. Die offene Tür weist uns den Weg zur Rettung, weist uns den Weg ins Freie, in der biblischen Türsymbolik bezeichnet sich Jesus als Tür: »Ich bin die Tür, wer durch mich hineingeht, wird Heil erfahren.« Die offene Tür ist immer ein Symbol für einen neuen Zustand, einen Neubeginn. Wir betreten einen neuen Raum, wir sehen etwas Neues.

Unsere liebe Freundin ist heute durch die offene Tür in einen neuen Raum eingetreten. Dieser Raum ist das unbekannte Land, weit und offen, nicht vergleichbar mit unseren abgeschlossenen, kleinen Räumen. Die offene Tür führt uns in einen Raum unermesslicher Weite durchflutet von unendlichem Licht ohne Türen und Fenster. Ein Raum ohne Türen ist ein Raum ohne Kommen und Gehen, dieser Raum ist immer währendes Bleiben und

Verweilen, Auflösung der festen Formen, der Körper verlässt die feste Form, die Begrenztheit des Leibes und spürt die Fülle seiner Weite in diesem unendlichen Raum.

Dir, liebe Freundin, rufen wir durch die offene Tür ein letztes Abschiedswort zu: Lebe wohl, good bye, felice notte ... aller Sprachen Schmerz- und Schattenlaute, die uns sagen, dass nichts bleibt, alles Ruf vom unbekannten Gotte, der uns unaufhörlich treibt.

Für einen Freund

Liebe trauernde Freunde!

Die Trauer, die wir hier an deinem Grabe empfinden, ist unsagbar groß, weil du uns fortan in unserem Freundeskreis fehlen wirst. Wir werden dich vermissen mit deinem Lachen, mit deiner Aufgeschlossenheit und Spontaneität, mit deinem Ideenreichtum und deiner Entscheidungskraft, mit deiner Ausgeglichenheit und Gerechtigkeit. Du warst der Garant für den Zusammenhalt unseres Freundeskreises und du gabst oft Halt in manch schwierigen Situationen.

In der Blüte deiner Jahre hat dich der Tod an der Hand genommen und aus dem Leben entführt. Gegen die Gewalt und die Kraft des Todes ist selbst die stärkste Freundschaft machtlos. Wir können dem Tod nicht den Weg versperren, denn wir wissen nicht, wann, woher und wie er kommt und welchen Weg er mit uns geht. Wir können dich auf dieser letzten Wegstrecke nur mit der Kraft unserer Gedanken begleiten und dir versichern, dass wir immer deiner gedenken.

Nimm diesen letzten Blumengruß als Zeichen unserer Freundschaft.

Für einen Freund oder Bekannten

Liebe Trauernde!

Jemand nimmt Abschied – am Bahnsteig eines Bahnhofs. Hände winken, Menschen umarmen sich. Jemand trennt sich von einem anderen. Ein Nicken des Kopfes, ein letztes Wort, eine letzte Geste.

Auch hier nehmen wir Abschied am Grab – dem Bahnhof des Lebens. Nur ist es hier anders, das Abschiednehmen. Es ist endgültiger – für immer. Wir wissen, dass wir unseren lieben Walter für eine Reise ohne Wiederkehr verabschiedet haben. Wir können ihn nur noch mit dem Herzen zuwinken, Worte bleiben zurück in stillem Schweigen. Ein uns allen Vertrauter hat uns jetzt verlassen, ist in den letzten Zug gestiegen, und tritt seine allerletzte große Reise an.

Wir bleiben zurück: die Frau, die Tochter, der Sohn, der Freund, der Kollege. Wir wissen, dass wir ihn in diesem Leben nicht wieder sehen, und das bereitet uns den Schmerz, das drückt uns die Kehle zu. So stehen wir, ohnmächtig fast, vor diesem Grab und können uns nicht lösen von dem Gedanken, dass es für unseren Walter keine Wiederkehr gibt. Wir stehen sozusagen am Bahnsteig, winken, aber er wird nie mehr zurückwinken.

Wenn wir glauben, dann wissen wir, dass diese Reise nicht irgendwohin führt, sondern an ein Ziel und das muss uns ein Trost sein. Auch wir werden dieses Ziel ansteuern müssen und auch dort ankommen, um uns mit denen zu treffen, die schon vor uns diesen Zug besteigen mussten.

Es sind nüchterne Worte, die ich spreche, ein sachliches Bild, das ich male: Bahnsteig – Zug – Friedhof – Tod. So nüchtern wie die Zeit, in der wir leben. Wir kommen an und fahren ab. Aber zwischen diesem nüchternen Satz stecken die Tränen, das Leid, der Schmerz, die Trauer. Und da wir alle Menschen sind, schämen wir uns nicht, wenn wir um einen lieben Menschen weinen.

Möge Walter sein Ziel erreichen. Gott wird ihn auf seinem Bahnhof empfangen. Ein letztes Winken, mein lieber Freund!

Für eine Freundin

Verehrte Trauergemeinde!

Eine treue Freundin hat uns verlassen. Treu und zuverlässig, das warst du, Petra. Nun bist du nicht mehr, hast uns alle zurückgelassen, mit trauernden Herzen und unbeantworteten Fragen. Dein Leben ist zu Ende! Deine Kerze ist erloschen.

Wir können dir nur noch einen letzten Freundschaftsdienst erweisen, für dich immer ein Licht brennen zu lassen – in der Welt und in unseren Herzen. Welches Schweigen geht von dir aus, welche menschliche Größe umgibt dich. Wir müssen Abschied von dir nehmen, du kehrst zur Erde zurück. Hier bleiben deine Freunde zurück und deine schmerzgebeugte Familie, vor der wir uns verneigen.

Lebe wohl, liebe Petra! Wir werden dich nie vergessen und du wirst immer unsere Freundin bleiben!

Für einen Freund

Was für ein Mensch hat die Erde verlassen. Was für ein Vorbild für alle. Wir können es nicht fassen. Plötzlich und unerwartet hat ihn das Schicksal des Todes getroffen im Vollbesitz seiner Kräfte. Zurück bleibt Fassungslosigkeit, unendliche Traurigkeit und eine schmerzende Wunde, die nicht so schnell verheilen wird.

Wir beweinen deinen Tod, unser ganzes Mitgefühl gilt dir, liebe Marlene, und euren lieben Kindern.

Thomas, wir tragen dich in unseren Herzen weiter.

Für eine(n) Freund(in)

Verehrte Trauergäste!

Hier ist die Straße zu Ende – ein Hügel ist der Platz, der dich aufnehmen wird, unter dem du deine Ruhe finden wirst.

Zurück bleiben Freunde, viele Freunde. Freunde, mit denen du viele Erlebnisse geteilt hast, Freunde, mit denen du viele tausend Kilometer auf den Straßen der Welt gefahren bist, mit denen du Sonnenauf- und untergänge erlebt und genossen hast, mit denen du viel gelacht und nächtelang diskutiert hast ... Vorbei, das ist vorbei. Ich werde nie mehr in dein Gesicht schauen und darin deine Meinung zu den Menschen und Dingen lesen können. Es wird alles Erinnerung werden. Bilder werden erstehen. Ich trage schwer daran.

Nimm ein letztes Lebewohl mit auf deine letzte Fahrt in die unendlichen Weiten des Alls.

Für eine Bekannte

Verehrte Trauergäste!

Heute ist der Mensch noch, morgen nicht mehr. »Mitten im Leben sind wir vom Tod umfangen.« Heute oder morgen kann er auch an unserer Tür pochen und uns mitnehmen auf die letzte Reise.

Wir wissen es, aber wir begreifen es nicht. Wie soll man den Tod begreifen lernen? Wie aufhalten? Wie abwenden? Fragen, nichts als Fragen. Wüsste doch einer eine Antwort darauf.

Ruhe in Frieden, Barbara Schürer.

Für eine Nachbarin

*Werte Hinterbliebene, Freunde, Kollegen, Nachbarn,
die ihr hier vor ihrem Grab steht!*

In dieser Stunde nehmen wir Abschied von einer Frau, die uns viele Jahre begleitet hat. Einer Frau, die unsere ganze Sympathie hatte, und deren Leben begleitet war von vielen Schicksalsschlägen und Sorgen: Nach dem Krieg hat sie hier bei uns ein neues Zuhause gefunden, fand hier eine Arbeit und ihren Mann. Hier hat sie neue Wurzeln geschlagen und sich fest in unserer Gemeinschaft integriert. Sie war eine vorbildliche Bürgerin und wir haben sie alle sehr geachtet.

Jetzt hat der Tod gleich einer Orkanböe den Stamm mit seinen Wurzeln herausgerissen und umgeworfen. Nun begleiten wir zu Grabe den Stamm und die entfaltete Krone und danken für den gespendeten Schatten und all die schönen Stunden unter seiner schützenden Krone.

Wir verneigen uns und werden ihr stets ein ehrendes Andenken bewahren.

Den Familienangehörigen wendet sich unsere ganze Anteilnahme zu.

Möge Anna Neumeier in Frieden ruhen.

Für einen Nachbarn

Verehrte Trauergäste!

Wir stehen vor dem Grab und Sarg unseres Herrn Adalbert Wünsch und müssen nun Abschied nehmen. Wir tun es schweren Herzens und wissen um die Tränen der Angehörigen. Das Leid, das sie jetzt erfahren müssen, ist nicht zu ermessen.

Der Tod als letzte Konsequenz. Wie klein und hilflos wir Menschen uns in diesem Augenblick vorkommen, wie hilflos den Hinterbliebenen gegenüber. Wie mächtig liegt der Schatten des Todes über uns.

Worte des Trostes und des Beistandes zu finden in dieser Stunde, das ist schwer, fast unmöglich.

Nur so viel sei gesagt: Wir haben Adalbert Wünsch geachtet, geschätzt und bewundert. Er war ein guter Mensch, ein guter Bürger und auch ein guter Christ! In dieser Stunde begreifen wir, wie er uns fehlen wird.

Lassen Sie uns ihm zurufen: Ruhe in Frieden, Adalbert Wünsch! Du wirst uns unvergessen bleiben! Die lieben Hinterbliebenen haben unser aller Mitgefühl in dieser schweren Stunde.

Für einen Freund mit religiösem Hintergrund

Liebe Trauernde!

Unser lieber Freund Sebastian Nader hat uns für immer verlassen, obwohl er den Jahren nach noch lange hätte leben können. Wir, die wir dich gekannt und geschätzt haben, betrauern dein Scheiden tief. Mit deiner Familie und deinen Angehörigen, lieber Sebastian, trauern deine zahlreichen Freunde, Kollegen und Mitarbeiter.

Wir alle werden dich noch oft entbehren und dich zurücksehnen, uns sehnen nach deinem Humor, deiner Großherzigkeit, deiner Zuverlässigkeit, die nie enttäuschte, und deinem freundschaftlichen Rat, der immer die richtige Entscheidung empfahl.

Das Leben ist bisweilen nicht ganz sanft mit dir umgegangen, aber du warst nie verbittert. Tapfer und geduldig hast du getragen, was dir auferlegt war, auch deine letzte schwere, schmerzhafte Krankheit. Du hast immer angenommen, was dir das Schicksal auferlegt hat. Gut vorbereitet konntest du deinen letzten Gang antreten und vor deinem Herrgott erscheinen, der dir – wir hoffen es zuversichtlich – ein gütiger Richter sein wird. Du hast jetzt alle Schmerzen und Erdenschwere abgeworfen und weilst im Frieden der Ewigkeit.

> **!** ***Sie müssen sich sicher sein, dass der religiöse Bezug dem Wunsch der verstorbenen Person bzw. der Angehörigen entspricht.***

Vergiss uns nicht, uns, die wir noch der Erde verhaftet und verpflichtet sind. Auch wir werden dich nie vergessen – dazu hast du uns zu nahe gestanden.

Leb wohl, teurer Freund! Leb wohl, bis wir einmal in einer besseren Welt wieder miteinander vereint sein werden! Der Herr schenke dir die ewige Ruhe in seinem Reich!

Mit religiösem Hintergrund

Verehrte Trauergäste!

Die Totenglocke schlägt an und wir haben die traurige Pflicht, unseren sehr verehrten und geschätzten Leopold Reiser zu Grabe zu tragen.

Liebe Hinterbliebene, wir haben ihn alle sehr geschätzt wegen seines heiteren Wesens und seiner Aufgeschlossenheit allem Neuen gegenüber. Im Kontakt mit ihm konnten wir lernen. Ein Mensch, der fehlen wird.

Eine große Trauergemeinde hat sich hier eingefunden, um dir, lieber Leopold, die letzte Ehre zu erweisen. Dein Leben war ein ewiges Auf und Ab an Freud und Leid. Immer deinem Gewissen folgend, gingst du es bis zum Tor des Friedens.

Hier stehen wir, vor deinem Grab, und verneigen uns in der Ehrfurcht vor dem Tod und dir. Jemand hat einmal gesagt: »Die Rätsel Gottes sind befriedigender als die Lösungen der Menschen.« Gott gibt uns wohl viele Rätsel auf, so auch das Rätsel »Tod«. Der Mensch kann dieses Rätsel nicht lösen, er versucht sich in bildlichen Lösungsversuchen und bezeichnet den Tod als ewigen Schlaf. Dieses Bild des ewigen Schlafs beschreibt den Frieden, den der Tod uns beschert. Der große italienische Dichter Dante drückt das mit den Worten aus: »Ich werde den Ursprung allen Friedens schauen!« Wenn wir den Tod aus dieser Perspektive betrachten, müssen wir ihn als einen milden Tod annehmen, der uns ein neues Leben schenkt.

Im Augenblick ist das vielleicht kein allzu großer Trost, aber für die Wochen und Monate danach eine Sichtweise, die uns begreiflich machen hilft, dass der Tod nur einen, den ersten Lebenskreislauf schließt.

Im Namen aller Freunde und Bekannten spreche ich den lieben Angehörigen des Dahingegangenen mein aufrichtiges und tiefes Beileid aus. Er möge in Frieden ruhen.

Mit religiösem Hintergrund

Verehrte Hinterbliebene!

»Welch ein kleines Teilchen der unendlichen und unermesslichen Zeit ist jedem von uns zugemessen und wie plötzlich wird es wieder von der Ewigkeit verschlungen! Was für ein winziges Teilchen ist der Mensch im Verhältnis zum Weltganzen, welch kleines Teilchen von der ganzen Weltseele.«

Wir werden immer wieder mit dem Tod konfrontiert, und doch ist er immer wieder der Schrecken des Menschen. Ein Mensch wird und stirbt. Dazwischen liegt ein kurzer Weg, gepflastert mit Freude und Tränen. Und alles ist auf das Ziel Tod gerichtet. Wir können dem Ende nicht ausweichen. Jeder Mensch geht durch dieses Tor in eine andere Welt.

Wir haben auch dieses Tor zu nehmen, das Tor zum ewigen Leben, wie es uns der Glaube verheißt. Und könnten wir nicht glauben, müssten wir verzweifeln. Gott muss da sein. Nur er kann den Tod milde stimmen. Und wir wollen dafür beten, dass er auch unseren Hans-Peter in seine Arme schließt. Wir bleiben zurück, aber wir gedenken deiner!

Mit religiösem Hintergrund

Werte Anwesende!

Ein Mensch ist von uns gegangen, ein guter Mensch! Vielen ein Freund, anderen ein Kollege, ein Vater – ein Mann, der stets für andere da war. Wir trauern um ihn, in der Stunde des Abschieds, und ahnen den Schmerz der Familie, aus der er gerissen wurde.

In dem Augenblick des Todes wird uns bewusst, dass wir alle einmal diese Welt verlassen müssen. Gott ist stärker als der Mensch, wir müssen uns seiner Kraft beugen, ob wir wollen oder nicht, wenn er uns den Tod geschickt hat.

Worte spenden wenig Trost in diesen Stunden und Tagen des Schmerzes, des Leids und der Tränen. Aber sie können den größten Schmerz lindern und das im Angesicht des Todes Erlebte verarbeiten helfen. So fallen mir dazu die Verse von Georg Ihmann ein, die ich hier anklingen lassen möchte:

> *»Im Kreis sind wir geboren,*
> *im Kreis der hundert Kreise,*
> *und enden still und leise*
> *und sind doch nicht verloren.*
>
> *Vom Licht sind wir umwoben,*
> *vom Licht der hundert Lichter,*
> *geblendete Gesichter*
> *durch eine Hand erhoben.*
>
> *In Gott sind wir, zu lieben,*
> *im Kommen wie im Gehen*
> *und sanftem Auferstehen,*
> *der Ewigkeit verschrieben.«*

Diese Verse sind die Anwort auf viele Fragen, die wir uns im Alltag nicht stellen, aber in der Stunde des Todes, wenn ein von uns geliebter Mensch diese Erde verlässt.

Hier gilt mein ganzes Mitgefühl den lieben Angehörigen, Freunden und Bekannten. Abschiednehmen ist immer schwer. Wir müssen Abschied nehmen. Aber Gott wird ihm gnädig sein. Ich bitte ihn darum.

Mit religiösem Hintergrund

Verehrte Hinterbliebene!

Heute weilt der Mensch noch unter uns – und morgen nicht mehr. Der Tod schlägt schnell zu. Immer wieder werden wir vor diese Wahrheit gestellt. Wir müssen mit dieser Tatsache leben, wir müssen damit umgehen lernen.

Ein Mensch tritt von der Bühne des Lebens ab – und nichts bleibt zurück als sein Name, die Erinnerung und das von ihm Geschaffene. Das können wir oft nicht begreifen. Und hätte Gott uns nicht den Glauben an ein Leben nach dem Tod gegeben, die Vorstellungs- und Einbildungskraft, den kalten Tod in einen milden, sanften Schlaf zu verwandeln, würde die Trauer uns erstarren lassen.Wir werden im Vertrauen auf das ewige Leben dir in unserer Welt ein ehrendes Andenken bewahren.

Drei Schaufeln Erde für dich, Sabine Wolf.

Mit religiösem Hintergrund

Verehrte Hinterbliebene!

Schwer trifft uns der Tod unseres Martin Anzhofer. Aufrechten Herzens verneigen wir uns vor dem Toten, überlassen ihn den Händen Gottes, der ihn mit so überaus großer Güte in seine Mitte aufnehmen wird. Wir stehen alle in Gottes Hand! Das Leben ist ein Übergang, wir wissen es, und wir haben uns den Gesetzen Gottes zu beugen.

Seneca sagt: »Auch wir werden angezündet und erlöschen wieder; in der Zwischenzeit empfinden wir Schmerz, vorher und nachher aber ist tiefe Ruhe.« Der Schmerz der Hinterbliebenen ist der Schmerz des Lebens überhaupt. Wir sind der Sonne und dem Regen ausgesetzt wie dem Licht und dem Schatten. So kann der Schatten des Todes auch ein Licht sein, das uns in der Ewigkeit leuchtet. Ein Licht, in der Gestalt des Paradieses.

Glauben wir daran, dass unser Martin das Tor durchschreiten wird, das Tor zum ewigen Leben.

Lieber Martin, ruhe in Frieden! Wir gedenken deiner!

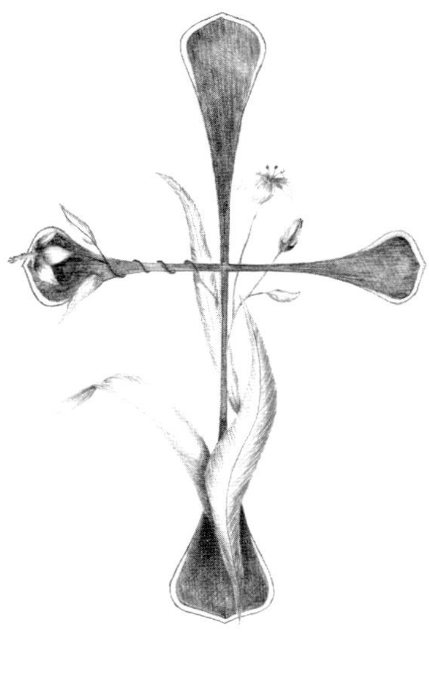

Mit religiösem Hintergrund

Verehrte Trauergemeinde!

Die Dauer des menschlichen Lebens ist ein Augenblick, der kurz aufleuchtet und dann wieder verlöscht. So gleicht das Leben einem Glockenspiel, das sich klingend dreht und zu einem bestimmten Zeitpunkt stehen bleibt und den letzten Ton erklingen lässt.

Marc Aurel, einst römischer Kaiser, gebraucht für das Leben ein anderes Bild – er bezeichnet das Leben als eine Haltestelle für Reisende.

Wir, die wir um Frau Regina Müller trauern, schließen uns diesen Worten an: Das Leben ist eine Haltestelle für Reisende; was danach kommt, wissen wir nicht. Aber Gott hat uns gelehrt, den Tod nicht als grausam und furchtbar zu empfinden, sondern ihn anzunehmen, das Tor zu durchschreiten, das zum ewigen Leben und Licht führt.

Vergessen wirst du nicht sein, so wie du lebtest, das zeigen bereits heute die vielen Kränze und Blumengebinde als Ausdruck der Wertschätzung und Achtung, die dir von allen Menschen, die dich kannten, entgegengebracht wird! So ruhe denn in Frieden!

Mit religiösem Hintergrund

Verehrte Trauergäste!

Er ist von uns gegangen. Still und bescheiden. Gott hat ihn zu sich berufen, hat ihm die Augen geschlossen für den ewigen Schlaf. Gottes Hände haben sein Buch des Lebens geschlossen, doch die Buchstaben seines Lebens bleiben in unseren Herzen verankert, erwachen in unserer Erinnerung zu neuem Leben.

»Wo mein Herz das Schweigen
sucht, o Gott in dir,
wird das Licht sich zeigen
dieser Welt, in mir.

Tröstend wächst der Wille
zum Gebet und reift,
dass mich auch die Stille
wie ein Großes streift.«

Diese Worte sind ein Sinnbild für das Leben unseres lieben Freundes Berthold Kramer. Er lebte und wirkte bescheiden, zurückgezogen und still. Niemand wird sein unauffälliges Wirken im Hintergrund so schnell vergessen können. Das Rauschen großer Worte nur um der Wirkung willen war nicht seine Art des Auftretens. Er strahlte stille Größe und das Wissen um die Dinge der Welt aus – im Sinne der Worte des Gedichts: »Wird das Licht sich zeigen dieser Welt, in dir!« Als Licht hast du diese Erde verlassen, in ein noch größeres Licht wirst du eintreten.

»Tröstend wächst der Wille zum Gebet und reift!« – Hier an deinem Grab falte ich meine Hände und gedenke deiner in Liebe und Freundschaft. »Dass mich auch die Stille wie ein Großes streift!« – Hier vor deinem Grab fühle ich die Stille, aber auch den Frieden des Todes. Ich will schweigend die Hände für dich falten in Andacht, wie Albrecht Dürer sich das Falten der Hände vorgestellt hat, und dir Frieden wünschen aus und in der Tiefe der Zeit.

Bei plötzlichem Tod mit religiösem Hintergrund

Liebe Hinterbliebene, werte Trauergäste!

Wir nehmen Abschied von Walburga Schäfer. Abschied ist ein Gehen ohne Wiederkehr. Plötzlich und unerwartet schlug das Schicksal zu. Wir alle, die wir hier an diesem letzten Ort stehen, suchen nach einer Antwort auf die Frage: Warum?

Wir können keine Antwort auf diese Frage geben. Haben wir deshalb Furcht vor dem Tod, Angst vor dem Sterben, weil wir nicht wissen, wie unser Leben endet?

Wenn wir den Pflichten und Anforderungen unseres täglichen Lebens nachgehen, verdrängen wir die Antwort auf die Frage nach dem Sterben, nach dem Tod. Doch wir können nicht aus dem Kreislauf von Werden und Vergehen, von Geburt und Tod treten. Hoffnung und Kraft kann uns auf diesem Weg nur der Glaube daran bringen, dass Gott auf alle Fragen die Antwort weiß oder ist. Im Tod können wir Gott nicht ausweichen, wir müssen ihn annehmen und uns seiner Gnade anvertrauen.

Walburga Schäfer kann sich beruhigt Gott anvertrauen, denn sie war allen Menschen eine gute Freundin – selbstlos, aufgeschlossen und hilfsbereit. Ihr Leben vollzog sich immer mit Blick auf ihren Nächsten.

Wir alle werden ihr ein ehrendes Andenken bewahren. Unser Herz schlägt in Mitgefühl für sie. Gott möge ihrer Seele barmherzig sein.

Bibelstellen

Im Mittag meines Lebens muss ich dahingehen,
zu den Toren des Totenreichs bin ich entboten für den Rest meiner Jahre.
Ich sprach: Ich werde den Herrn nicht mehr sehen im Lande der Lebenden,
keinen Menschen mehr schauen bei den Bewohnern der Welt.
Meine Hütte ist abgebrochen und fortgewandert von mir wie ein Hirtenzelt.
Ausgewoben habe ich mein Leben wie ein Weber,
vom Gestell schneidet er mich. Jesaja 38,10–12

Da hörte ich die laute Stimme vom Thron her rufen:
Seht die Wohnung Gottes unter den Menschen!
Er wird in ihrer Mitte wohnen, und sie werden sein Volk sein,
und er, Gott, wird bei ihnen sein.
Er wird alle Tränen von ihren Augen abwischen:
Der Tod wird nicht mehr sein, keine Trauer, keine Klage, kein Mühsal.
Denn was früher war, ist vergangen. Offenbarung 21,3–4

Ach Tod, wie bitter ist's, an dich zu denken, für einen,
der an seiner Stätte ruhig lebt, für den,
der überall Gedeihen und Glück hat
und noch imstand ist zu genießen. Buch Jesus Sirach 41,1

Brüder, wir wollen euch über die Verstorbenen nicht in Unkenntnis lassen,
damit ihr nicht trauert wie die anderen, die keine Hoffnung haben.
Wenn Jesu – und das ist unser Glaube – gestorben und auferstanden ist,
dann wird Gott durch Jesu auch die Verstorbenen zusammen mit ihm
zur Herrlichkeit führen ... Tröstet also einander mit diesen Worten!
Brief an die Thessaloniker 4,13–4; 4,18

Das Wort ist wahr:
Wenn wir mit Christus gestorben sind, werden wir auch mit ihm leben.
Timotheus 2,11

Denn ich bin überzeugt, dass die Leiden dieser Zeit nichts bedeuten im Vergleich zu der Herrlichkeit, die uns offenbart werden soll. Römer 8,18

Glaube ist die feste Zuversicht auf das, was wir erhoffen, die Überzeugung von dem, was wir nicht sehen. Hebräer 11,1–23

Ihr seid jetzt traurig, aber ich werde euch wiedersehen, und euer Herz wird sich freuen, und eure Freude wird euch niemand nehmen. Joh. 16,22

Gott ist nicht der Gott der Toten, sondern der Gott der Lebenden.
Matthäus 22,32

Trauerreden für den geschäftlichen Bereich

Für einen Arbeitskollegen

Liebe Trauergäste!

Es ist zwar ein trauriger Anlass, vor einem offenen Grab zu stehen, aber es wäre trotzdem nicht im Sinne unseres lieben, leider viel zu früh von uns gegangenen Ludwig, wenn ich die letzten Abschiedsworte mit rührseliger Trauer beginnen würde. Nein, unser Ludwig war ein allzeit lustiger und ausgeglichener Mensch mit viel Optimismus, der immer wusste, um was es im Leben geht und dass das Sterben sozusagen als krönender Abschluss zu diesem Spiel gehört. Es war ihm klar, dass nichts ewig dauert, auch nicht das Leben.

Natürlich, für Sie, liebe Frau Steindorfer, und die Hinterbliebenen ist es umso schwerer, einen so lebensfrohen und immer gut gelaunten Menschen zu verlieren. Aber, was er uns in seinem Leben an Freude und Liebe geschenkt hat, wird doch noch lange in uns fortleben und nie in Vergessenheit geraten. Die Lücke, die er hinterlassen hat, wird sicher für alle von uns schwer zu schließen sein, das ist uns allen klar. Deshalb wollen wir versprechen, hier an seinem Grab, diese Lücke in seinem Sinne auszufüllen. Und am besten tun wir das, wenn wir ihm nacheifern in unserer inneren Haltung dem Leben gegenüber: Wir wollen nie aufhören, optimistisch zu sein, auch wenn es uns noch so schwer fällt.

Unser lieber Ludwig war stets zufrieden und der Himmel, unser bayerischer, hat ihm ein sanftes Einschlafen gegönnt. Wir brauchen daher nicht um seinetwillen zu trauern, sondern mehr um unsertwillen.

Nun, lieber Ludwig, wiederholen wir zum letzten Mal, deinen immer in einem fröhlichen Tonfall gesprochenen Abschiedsgruß »Servus beinand!« In diesem Sinne lege ich dieses Blumengebinde im Namen aller deiner Freunde nieder! Ruhe sanft in Frieden, lieber Ludwig!

Für einen Arbeitskollegen

Verehrte Trauergemeinde!

»Er war unser ...«, diese Worte verweisen immer auf Vergangenes, Unwiderbringliches, einen Abschied für immer: Die Zeit und der Mensch lassen sich nie mehr zurückholen.

Was uns in der Gegenwart bleibt, ist das Gedenken, das Denken an unseren lieben Kollegen Matthias, den wir in der Kürze der Zeit, die wir zusammenarbeiten durften, als Freund gewonnen haben. Die Lücke, die sein Tod hinterlässt, ist schwer zu schließen, das wissen wir alle. Aber der Tod kennt keine Frist, er greift unerbittlich in das Leben eines Menschen ein.

Uns bleibt heute nur, dir, lieber Matthias, zu versprechen, dass wir die Lücke, die du hinterlassen hast, in deinem Sinne schließen werden. Wir werden deine Arbeit weiterhin so engagiert und gewissenhaft erfüllen, wie du es getan hast.

Für einen Arbeitskollegen

Mein lieber Freund!

Lange Jahre haben wir unsere Arbeit gemeinsam verrichtet. Ich kannte dich zu gut, du hast deine Dinge geordnet und bist nun in eine andere Richtung fortgegangen. Ich, wir alle können dir nicht folgen.

Du hast den Weg des Todes beschritten. Ein andrer kam, hat dir das schwere Gepäck, beladen mit den Sorgen und Problemen des Alltags, abgenommen und dich zu einem langen, sanften Schlaf mitgenommen.

Du wirst Ruhe finden in Frieden. Wir stehen hier, an deinem Grab und schämen uns nicht unserer Tränen. Viele Kränze bedecken deinen Sarg. Viele Namen auf vielen Schleifen. Und ich, ich möchte dir nur so viel sagen: Du fehlst mir sehr. Ich werde dich sehr vermissen. Nimm diese Blumen von mir als Zeichen meiner Verbundenheit!

Für eine Arbeitskollegin

Verehrte Trauergemeinschaft!

Die Nachricht von dem Tod unserer lieben Kollegin Ilse Seifert hat uns mit Bestürzung erfüllt und tiefe Trauer und großen Schmerz bei uns hervorgerufen. Wir haben eine liebe Freundin und unsere Behörde hat eine geschätzte Mitarbeiterin verloren.

Frau Seifert gehörte seit 22 Jahren unserem Amt an. Engagement, Sachverstand und soziale Kompetenz waren ihre hervorstechenden Eigenschaften. Frau Seifert war immer ein Hort der Ruhe und Übersicht. In der Hektik des Tagesgeschäfts verlor sie nie den Überblick und zeichnete sich durch Besonnenheit aus. Sie brachte oft neue Ideen ein und fand sich stets in neuen Situationen zurecht. Sie beherrschte ihren Arbeitsbereich sicher und vollkommen. Sie arbeitete immer mit größter Sorgfalt und Genauigkeit.

Frau Seifert hat sich in all den Jahren, in denen sie im Sozialamt tätig war, bis zur Amtsleiterin emporgearbeitet. Ein verdienter Aufstieg, ein Werdegang, der ihren Fähigkeiten gerecht wurde. Aber trotz ihres beruflichen Erfolges ist sie nie arrogant oder besserwisserisch gewesen, sie ist der sympathische Mensch geblieben, den wir alle sehr lieb gewonnen haben. Die Tragweite ihres Fehlens wird uns erst in den kommenden Tagen, Wochen und Monaten so richtig bewusst werden.

Frau Seifert drängte sich nie ihren Kolleginnen mit einem privaten Rat auf, aber sie versagte nie die Mithilfe bei der Lösung eines Problems im privaten Bereich. Aufgrund ihrer großen Lebenserfahrung konnte sie da gerade jüngeren Kolleginnen gute Ratschläge geben. Sie war eine Kollegin, wie man sich eine wünscht, aber sie leider nicht jeden Tag findet.

Frau Seifert und wir sind eine lange Strecke unseres Lebensweges gemeinsam gegangen, wir haben eine große Spanne unserer Lebenszeit miteinander verbracht. Heute sind wir am Ende des Weges und am Ende aller Zeiten angelangt. Wir können nur Fragen stellen, auf die wir keine Antworten erhalten. Uns bleibt nur, ihren Tod in Trauer und Schmerz hinzunehmen und ihr zu wünschen, dass sie in einer besseren Welt weiterlebt.

Für einen Arbeitskollegen

Verehrte Frau Urban, verehrte Trauergemeinde!

Wenn wir in dieser Stunde tief bewegt Abschied nehmen von unserem lieben Kollegen Siegfried Urban, dann leuchtet ein Leben vor uns auf, das uns alle, die den lieben Siegfried kannten, tief berührt. Wir trauern um einen Kollegen, der uns zeigte, dass durch ein menschliches Miteinander weit mehr zu erreichen ist als durch das tägliche Gegeneinander. Er zielte immer auf die positive Verwertung der Energien. Davon zeugte auch seine gute Laune, die immer ein ganz wichtiger Beitrag für unser gutes Arbeitsklima war. Trotz Stress und vielen Anforderungen war Siegfried immer ansprechbar und behielt auch in kritischen Situationen und bei kniffligen Problemlagen die Übersicht.

Wenn Sie die Todesursache erwähnen, sollte dies kurz und knapp sein. Detailliertere Ausführungen verstärken nur den Schmerz der Angehörigen.

Wenn der Abschied von so einem bewundernswerten Menschen nun so endgültig ist, dann bleibt uns nur noch die schöne Erinnerung an die guten Zeiten, die wir mit ihm verbracht haben. Und in dieser Erinnerung, liebe Frau Urban, wird Ihr Gatte immer einen festen und ganz besonderen Platz einnehmen.

Tragischerweise wurde sein Leben durch eine heimtückische Krankheit schmerzhaft gestört. Nicht zerstört werden kann aber sein Lebenswerk: das Haus, das er mit seinen eigenen Händen gebaut hat, seine vorbildliche große Familie. Wir freuen uns, dass er einen Großteil seiner Wünsche und Ideen verwirklichen und sein Leben so gestalten konnte, dass es für Sie, liebe Frau Urban, und ihn für seine Verweildauer hier auf Erden angenehm war. Vielleicht sollten wir uns daran in diesen schweren Stunden aufrichten und einen kleinen Trost finden.

Ihnen, liebe Frau Urban, darf ich im Namen aller Kolleginnen und Kollegen das tiefste Mitgefühl um den Verlust unseres Kollegen und Freundes aussprechen. Lieber Freund, du bist nicht vergessen!

Für einen Mitarbeiter

Verehrte Anwesende!

Wir stehen hier am Grab eines unserer besten Mitarbeiter. Plötzlich aus unserer Mitte gerissen begleiten wir ihn zur letzten Ruhe. Vor wenigen Tagen lebte er noch unter uns, und weilt nun in einer anderen Welt.

Peter Siebert war ein Mensch mit vielen guten Eigenschaften und besonderen Fähigkeiten.

Sein starker Charakter, seine Geduld beim Zuhören, seine Ruhe in kritischen Situationen zeichneten ihn als eine Persönlichkeit aus, die Führungsaufgaben hervorragend erfüllte. Wir bewahren ihn als Vorbild für unser Handeln.

Den lieben Angehörigen unser aufrichtiges Beileid.

Für eine Mitarbeiterin

Verehrter Herr Leiner, geehrte Angehörige und Freunde der Verstorbenen, werte Trauergemeinde!

»Wir sind nur Gast auf Erden«, ruft uns ein Kirchenlied in Erinnerung. Wir wissen alle, dass unser Aufenthalt als Gast auf dem Planeten Erde nicht ewig dauert. Unsere liebe Frau Manuela Leiner hat ihren Gastaufenthalt auf unserem Planeten beendet.

Wir haben sie in all den Jahren, in denen sie unter uns geweilt hat, als liebenswerte Mitarbeiterin schätzen gelernt. Wir haben in all den Jahren eine gute Zusammenarbeit, ja Freundschaft aufgebaut. Harmonische Beziehungen zwischen Menschen sind immer von einem ausgeglichenen Verhältnis zwischen Geben und Nehmen geprägt. Und das Verhältnis zwischen Frau Leiner und unserer Firma war harmonisch.

Frau Leiner hat dem Unternehmen immer alles gegeben, sie stand auf dem Gipfel ihrer Schaffenskraft und war kurz davor, den Erfolg ihrer Bemühungen zu ernten. Doch der Tod hat zugeschlagen und sie ihrem Mann, ihren Kindern, Verwandten und Freunden entführt. Sie alle hätten sie noch viel länger gebraucht, aber auch wir im Betrieb werden ihren Verlust nur schwer verkraften können.

Ihre Kontaktfreudigkeit, ihr Zugehen auf die Menschen, ihr Wille und ihre Fähigkeit des Zuhörens zeichneten sie als eine Führungskraft im besten Sinne aus. Bei Frau Leiner paarte sich fachliches Können mit menschlichen Qualitäten. Zumal Frau Leiner Berufs- und Privatleben nie streng getrennt hat, wir waren alle eine große Familie. Bei unseren vielen gemeinsamen sportlichen Aktivitäten haben wir uns von den Anstrengungen der Woche, all dem Stress der Arbeit erholt.

Wir verlieren mit Frau Leiner nicht nur eine exzellente Fachfrau, sondern auch eine gute Freundin, deren Zurückhaltung und Bescheidenheit, deren Freundlichkeit und Herzlichkeit uns immer tief beeindruckt haben. Ihr ausgeglichenes Wesen wird dem Betriebsklima fehlen, denn sie hat nie Spannung erzeugt, sondern immer gelöst. Ihre Zuverlässigkeit und ihr Organisationstalent wird bei der Geschäftsabwicklung fehlen.

Verehrter Herr Leiner, wir alle sind um einen fähigen Menschen ärmer geworden, einen Menschen, der uns allen das Leben reichhaltiger gemacht hat. Nicht nur ihnen wird ihr Verlust ein nie zu behebender Mangel sein. Der Tod hat Frau Leiner von einem Festmahl entführt, er hat ihr verwehrt, das letzte Glas Wein auszutrinken.

Wir werden Frau Leiner stets ein ehrendes Andenken bewahren. Für immer wird sie uns unvergessen bleiben.

Zum Tod nach schwerer Krankheit

Verehrte Trauergäste!

Herbert Weiß ist von uns gegangen – gestern noch unter uns, schlug ein Schatten plötzlich zu und führte ihn aus unserem Kreis. An seinem Grab zu stehen und Worte des Trostes zu finden ist schwer, weil das Gefühl der Trauer um einen Menschen ist nicht leicht in Worte zu fassen. Denn der Schmerz ist groß und die Wunde ob des Verlustes tief. »Der Mensch dem Tode anvertraut, das Leben«, wie Kierkegaard sagt, »eine Krankheit zum Tode. Der Tod ist die Erlösung von allen Schmerzen.«

Diese kurze Rede ist ein Beispiel dafür, wenn Sie die verstorbene Person nicht näher kannten.

Die vielen Kränze, Zeichen der Ehrerbietung und Anteilnahme, zeigen, wie gern man Herbert Weiß hatte, wie beliebt er war, wie viele Menschen seiner gedenken.

Wir verneigen uns vor Herbert Weiß. Er bleibt in unseren Herzen. Ruhe er in Frieden!

Zum Tod nach schwerer Krankheit

Verehrte Angehörige! Lieber Johannes!

Gott hat dir nach schwerer Krankheit die Augen geschlossen. Du solltest nicht mehr leiden. Wie oft haben wir zusammen Gespräche geführt und du hast uns Mut gemacht, wenn wir mit dir über unsere kleinen Sorgen gesprochen haben. Du warst ein tapferer Mensch, der nie aufgegeben hat, der gekämpft hat bis zum Schluss, der allen Widernissen des Lebens getrotzt und dennoch nie sich selbst verloren hat. Du bist ein Mensch, der seine Würde bewahrt hat bis in den Tod.

Nun hast du uns verlassen. Wir können dir nicht mehr die Hand reichen, um dir ein letztes »Danke« zu sagen für viele gemeinsame Arbeiten und dein Beispiel, das du uns gegeben hast. Nimm heute hier unseren Dank dafür entgegen.

Wir alle haben in dir einen guten Freund und Kollegen verloren. Wir sind alle gekommen, um von dir den letzten Abschied zu nehmen. Wir werden dich an unserem Arbeitsplatz vermissen, wir werden oft von dir sprechen. Zurück bleiben die im Angesicht des Todes kleinen, unbedeutenden Dinge des Lebens, deren Bedeutung aber für uns darin liegt, dass du damit gearbeitet hast. Und gerade diese Kleinigkeiten werden dein Bild im Leben immer wieder neu erstehen lassen. Was es auch immer sei, wir werden sie als Erinnerung an dich sehen und pflegen. Das sollst du wissen.

Ihnen, liebe Frau Merkel, sprechen wir aus tiefstem Herzen unser Mitgefühl aus. Wir können nur erahnen, wie tief Ihr Schmerz ist über den Verlust Ihres lieben Mannes, unseres lieben Freundes.

Wir verbeugen uns vor dir, vor dir, der du uns immer ein Vorbild warst und bleibst.

Schlaf wohl, du unser aller Freund! Ruhe in Frieden!

Nach einem tödlichem Unfall

Liebe Frau Tröger, verehrte Trauergäste!

Grausam hat das Schicksal unseren lieben Robert aus diesem Leben gerissen. Der liebste und beste Freund, den wir hatten, wurde durch einen furchtbaren Unfall tödlich getroffen. Er, der immer für uns da war, ist uns plötzlich und unerwartet für immer vom Boten des Schicksals entführt worden. Doch ganz verlassen hat er uns nicht, ich spüre, wie er weiter bei uns weilt. Wir werden immer das liebe und schöne Bild vor Augen haben, als wolle er zu uns sprechen und uns seine letzte Erfahrung mit auf unseren Weg geben: »Seid vorsichtig, geht bedachtsam und behutsam mit eurem Leben um. Das Leben ist kein Spiel, kein Mittel zu noch größerer Abenteuerlust. Gerade in der heutigen schnelllebigen Zeit, die von Motorisierung und Technisierung geprägt ist, sind wir viel mehr gefährdet als gesichert.«

Wie gerne hätte unser Freund noch gelebt, viele Pläne und Vorhaben standen noch auf seinem Programm, doch der plötzliche Tod hat alles gelöscht, die Zeichen auf dem Bildschirm des Lebens hat ein plötzlicher Blitzschlag gelöscht, kein Experte kann sie je wieder rekonstruieren. Und wenn wir hundertmal fragen »warum« gerade er, bekommen wir keine Antwort. Wir müssen die unwiderrufliche Tatsache akzeptieren, wir müssen damit einverstanden sein, ob wir wollen oder nicht. Ein Sprichwort sagt, die Zeit heilt alle Wunden. Möge sie auch diese schmerzhafte Wunde heilen und die Hoffnung auf die Zukunft nicht schwinden lassen.

Liebe Frau Tröger, ich möchte Ihnen versichern, dass wir alle mit Ihnen tief um Ihren lieben Gatten trauern und Ihnen jederzeit gerne helfen, wenn Sie Hilfe benötigen. Wir müssen leider mit der bitteren Wahrheit leben und Trost suchen in der Erinnerung an die schöne Zeit mit ihm. Vielleicht finden wir in der Verschmelzung des Schmerzes und der Trauer doch ein wenig tröstenden Halt. Wir wissen ja, dass unser lieber Robert nun in Frieden ausruht von seinem arbeitsreichen und ausgefüllten Leben. Und diese Ruhe und diesen Frieden gönnen wir ihm von tiefstem Herzen.

Lieber Robert, diese Blumen sollen dich noch ein letztes Mal grüßen – ruhe in Frieden.

Für einen Mitarbeiter nach Betriebsunfall

Verehrte Trauergemeinde!

Im wörtlichen Sinne von einem Schicksalschlag getroffen, so stehen wir hier, zu begreifen und zu erfassen, was doch nicht zu begreifen und zu erfassen ist, dass einer unserer zuverlässigsten und besten Mitarbeiter mitten aus der vollen Schaffenskraft gerissen wurde. Oft bewunderte ich seinen goldenen Humor, der nur aus einem zufriedenen und glücklichen Familienleben stammen konnte. Das wirkte sich auch auf seine Arbeitsleistung aus.

Als Lehrling kam er zu uns und als hoch qualifizierter Meister geht er heute von uns. Sein beruflicher Aufstieg war untermauert von großem Interesse an allen Arbeitsprozessen, hoher Intelligenz, steter Einsatzbereitschaft und starkem Durchsetzungsvermögen. Er füllte jede Stelle mit seiner Persönlichkeit aus. Er war ein Mann von dem so genannten »alten Schlag«, er konnte mit seinem ausgeprägten logischen Denkvermögen fast jedes auftauchende Problem lösen. Dabei unterstützte ihn auch seine Aufgeschlossenheit gegenüber der elektronischen Datenverarbeitung, beharrlich arbeitete er sich in die CAD-Technik ein. Hierbei half ihm seine Aufgeschlossenheit gegenüber dem Neuen. Ein Mann mit Mut, der sich bis zum Letzten einsetzte und auch gefährliche Situationen nicht außer Kontrolle geraten ließ. Ja, gerade deshalb ist der Unfall für uns alle unvorstellbar. Gerade auch deshalb, weil Herr Schreiber für seine Vorsichtigkeit und Einhaltung der Bestimmungen des Unfallschutzes bekannt war. Wenn man einen so beliebten und allseits respektierten Mitarbeiter auf so tragische Weise verliert, dann steht man ratlos da.

Ich weiß nicht, was ich Ihnen, liebe Frau Schreiber, und Ihrer Familie zum Trost sagen soll. Mir fehlen die Worte. Da hat der Herr Pfarrer trostreichere Worte gefunden. Die Handlungen des Schicksals sind für mich in dieser Situation nur ganz schwer zu verstehen.

Wenn ich noch etwas sagen darf: Für mich und die Firma ist es höchste Dankespflicht, Ihnen, Frau Schreiber, und Ihrer Familie, wenigstens in materieller Hinsicht Unterstützung zu gewähren und Ihnen dadurch den schweren Verlust etwas zu erleichtern.

Als letzter Abschiedsgruß schmücke dieses Blumengebinde die letzte Ruhestätte unseres hoch geschätzten Mitarbeiters Herrn Rolf Schreiber! Möge er in Frieden ruhen!

Für eine Arbeitskollegin nach Arbeitsunfall

Verehrte in Trauer versammelte Anwesende!

Unsere Gertrud Bisinger hat den Tod gefunden durch eine letzte Unberechenbarkeit der Technik und die unkontrollierbare Gewalt der Naturkräfte. Wir sind auf das Tiefste erschüttert durch dieses furchtbare Ereignis.

Wir fragen uns, was hätte verhindert werden können, wenn ... Es ist aber geschehen und wir müssen mit der beklagenswerten Tatsache leben. Es erscheint uns unglaublich, wie schnell und ungeahnt ein Mensch, der noch vor Tagen gesund und voller Kraft unter uns war, ein Opfer seiner Aufgabenerfüllung werden kann. Der Schmerz drückt uns zu Boden. Wir wagen keine Fragen nach dem »Warum«, denn niemand kann sie beantworten.

Wir können nur Anteil nehmen an dem tiefen Schmerz der Hinterbliebenen, denen das Liebste genommen wurde. Wir stehen am Grab so vieler Hoffnungen, keiner kann erahnen, wie viel menschliches Glück, wie viele Pläne und Erwartungen hier plötzlich ausgelöscht worden sind.

Bei einem Unfall sollten Sie nicht näher auf die Umstände eingehen.

Wir wollen hier an dieser Stelle versprechen, das Andenken unserer Arbeitskollegin zu bewahren und den Hinterbliebenen nach besten Kräften zu helfen, wenigstens die materiellen Sorgen zu lindern.

Liebe Kollegin, als ein Zeichen unserer Verbundenheit mit dir und als einen letzten Gruß lege ich dieses Blumengebinde auf deinem Grab nieder.

Für einen Arbeitskollegen nach tödlichem Unfall

Liebe Frau Dietrich, verehrte Trauergäste!

Tief erschüttert stehen wir heute am Grabe unseres lieben Herrn Theodor Dietrich. Ein jäher Tod riss ihn aus dem Leben, ein unfassbares Unglück!

Wenn wir in der Tagespresse davon lesen, denken wir kaum noch darüber nach, wie tief solch ein Unglücksfall in das Leben einer Familie, einer Gemeinschaft eingreift! Wir können den Schmerz der Familie nur erahnen, denn sie ist natürlich an erster Stelle und am schmerzlichsten von dem unfassbaren Unglück betroffen.

Doch auch wir, die wir jahrelang mit ihm zusammengearbeitet haben, sind von dem plötzlichen Tod unseres Herrn Dietrich tief betroffen. Wir haben ihn als einen geradlinigen, kollegialen und genauen Menschen geschätzt. Durch den Fehler eines anderen musste er sein Leben lassen – nach unser aller Meinung viel zu früh und plötzlich. Es blieb ihm keine Zeit, sich von seiner Gattin und von seinen Kindern zu verabschieden.

Ihnen gilt unser tiefstes Mitgefühl. Wie hilflos ist der Mensch und wie wenig können Worte angesichts solcher Tragik bewirken. Doch können sie trösten, wenn sie darauf hinweisen, dass wir im Leben nicht nur dem bloßen Zufall ausgeliefert sind, sondern dass der Anfang und das Ende unseres Lebens von einer höheren Macht bestimmt werden. Dieser Macht, dieser Macht des Schicksals müssen wir uns alle früher oder später beugen – zu ihr kehrt jedes menschliche Leben zurück. So wissen wir auch Herrn Dietrich in Gott für ewig geborgen, ein Trost, an den kein menschlicher Trost heranreicht: Im Glauben an Gott und ewiges Leben ist es allein möglich, ein so schweres Schicksal, wie es Frau Dietrich und ihren Kindern Maria und Florian auferlegt ist, zu ertragen und damit zu leben.

Ruhe sanft, lieber Theodor! Möge dir ewiger Friede beschieden sein! Leb wohl, auf Wiedersehen!

Für einen handwerklich tätigen Menschen

Verehrte Trauergemeinde!

Wenn wir heute hier an diesem Grabe stehen, tragen wir alle ein unfassbares Erlebnis in uns: den Tod von Herrn Reinhard Hofer! Wir können diesen Tod nicht fassen, denn die starke Hand von Herrn Hofer umfasste noch vor nicht allzu langer Zeit sein Werkzeug mit kräftigem Griff. Eine Macht, die stärker war als er, brach sein Tun und Streben ab. Er hinterlässt sein Werk in einem Zustand, der ein Weiterbauen ermöglicht. Herr Hofer lebte sein Leben lang nach dem Grundsatz: »Arbeite immer so und hinterlasse deine Arbeit immer so, als wäre es dein letzter Arbeitstag, und bedenke bei deinen Handlungen, dass ein anderer Mensch sie fortführen kann!«

Nach diesem Grundsatz baute er sein Leben auf. Er baute sein Werk mit seiner eigenen Hände Kraft. Herrn Hofer war in seinem Leben kein Handgriff zu viel. Er setzte mit seinen Händen bei seinem Hausbau einen Ziegelstein auf den anderen. Er legte kräftig Hand an bei dem Bau seiner Werkstatt. Und als seine Bauten vollendet waren, half er den Kindern beim Bau ihrer Häuser. Er kann auf viele vollendete Bauten zurückblicken. Herr Hofer baute im wahrsten Sinne des Wortes mit seinen Händen das Leben auf. Er kann stolz sein auf das von ihm gebaute Werk.

Doch auch die kräftigste Hand vermag wenig ohne die sensible Steuerung der Nerven. Neben seiner harten Arbeit pflegte Herr Hofer das sensible Hobby der Musik. Herr Hofer hatte nicht nur gefühlvolle Hände, die genau wussten, wohin sie im Leben greifen mussten, sondern er hatte auch ein sensibles Gehör. So war er 25 Jahre aktives Mitglied im Musikverein. Er interessierte sich sehr für die musischen Dinge des Lebens.

Wenn wir heute hier an dieser Stelle zurückblicken, dann können wir sagen, Herr Hofer hatte ein erfülltes Leben, er hat die Chancen genutzt, die ihm das Leben bot und hat etwas daraus gemacht.

Wir alle können stolz sein auf diesen Menschen. Und gerade deshalb ist der Schmerz besonders groß. Verehrte Frau Hofer, liebe Angehörige, wir empfinden mit Ihnen eine große Trauer um den Verlust dieses hoch geschätzten Menschen. Ruhe er in Frieden!

Für einen naturverbundenen Menschen

Verehrte Trauergemeinde!

Das Sterben und Werden wird dem Menschen nirgends so deutlich vor Augen geführt wie bei dem Vorgang des Säens und des Erntens! Wie das Weizenkorn aus dem dunklen Schoß der Erde seiner Reife entgegenwächst, so kommt der Mensch aus einem dunklen Urgrund; und letztlich ist es beider Schicksal, wieder in ihren Ausgang einzumünden.

Tipp **Diese Rede eignet sich als Vorlage für jemand, der z. B. in der Landwirtschaft tätig war.**

Heute stehen wir hier am offenen Grab unserer lieben Freundin Isabella Baumann, dem dunklen Ausgang, den jeder Mensch nehmen muss. Doch die Schrift besagt: »Wenn das Weizenkorn nicht in die Erde fällt und stirbt, bleibt es allein; wenn es aber stirbt, bringt es viele Frucht.« Das Sterben ist ein unausweichliches Gesetz, dem die Natur und der Mensch unterliegen. Daneben existiert aber auch das Gesetz des Blühens. Jedes Sterben ist an ein neues Blühen und Leben geknüpft. Das Saatkorn, das wir in die Erde versenken, durchstößt die Dunkelheit der Erde und strebt zum Licht, in dem es zu neuer Pracht erblüht.

Und so verhält es sich auch mit dem Menschen, auch wenn der Leib, der unsere Schmerzen, unsere Nöte und unsere Trauer umschließt, in die Erde versenkt wird, werden wir zu neuem Leben erblühen, wir, die wir daran glauben. Und wir können voller Zuversicht sein, denn kein Leben endet in der Erde. Die Erde gibt dem Saatkorn die Kraft, aus ihr emporzuwachsen in das Licht und Fruchtbarkeit zu spenden, wie es in der Schrift heißt: »Von selbst trägt die Erde Frucht, zuerst den Halm, dann die Ähre, dann volles Korn in der Ähre.«

Frau Baumann hat ihr ganzes Leben mit dem Kreislauf der Natur gelebt und gearbeitet. Ihre Hände haben die Kraft der Erde gespürt. Sie hat 35 Jahre mit der Natur gearbeitet. Sie wusste, dass die Erde von selbst keine Frucht trägt, sondern mit Fachkenntnis bearbeitet werden muss. Die Natur ist die Basis für den Menschen, sie ist ein kostbares Gut, das der Mensch mit Vorsicht und Augenmaß behandeln muss. Frau Baumann wusste um diesen Sachverhalt. Ökologisches Arbeiten war ihr immer ein Her-

zensanliegen. Ihr war bewusst, wenn die Natur stirbt, dann stirbt auch der Mensch. Wir wünschen uns, dass das Vorbild von Frau Baumann Nachahmung findet und der Teil der Natur, für den wir verantwortlich sind, nicht mit dem Tod von Frau Baumann stirbt, sondern weiterlebt, indem wir ihn im Sinne von Frau Baumann pfleglich und sorgsam behandeln. Das zu tun, bleibt unsere Pflicht und Aufgabe, die uns Frau Baumann hinterlassen hat.

Liebe Isabella, wir versprechen dir, das Andenken an dich nicht nur in Worten, sondern vor allem in Taten auszudrücken und zu bewahren. Du bist und wirst jetzt Teil der Erde, wache über sie!

Dieses Blumengebinde legen wir nieder an deinem Grab als letztes Dankeschön.

Ruhe in Frieden in deiner geliebten Erde – und du weißt, wenn ein Weizenkorn stirbt, trägt es reiche Frucht.

Für einen im Außendienst beschäftigten Menschen

Liebe Trauernde!

Herr Fischer hat die letzte Reise angetreten. Wohin sie ihn führt und wann sie endet, wissen wir nicht. Wir wissen nur, dass diese Reise die längste Reise ist, die Herr Fischer jemals angetreten hat. Die Zahl der Kilometer, die zum Zielort führen, ist nicht bekannt. Wir wissen nur, dass er diese Reise allein antreten muss – ohne Beifahrer. Wir wissen nicht, wann und ob wir ihn jemals wiedersehen werden. Wir wissen auch nicht, wann er ankommt. Vielleicht ist ja die Reise das Ziel.

Das Fahren auf der Route Unendlichkeit – vielleicht kann uns das etwas Trost geben. Denn Herr Fischer ist sein Leben lang gern gefahren. Er liebte seinen Beruf: die Reise auf dem unendlichen Band des grauen Asphalts, das Gefühl, mit jedem gefahrenen Kilometer seinem Ziel näher zu kommen. Und wenn das Ziel erreicht war, war der Abschied und das neue Ziel schon wieder programmiert. Ein Leben auf Reisen ist immer auch ein Leben des Abschieds. Wir kommen an und reisen ab. Nichts bleibt. Und jeder Abschied im Leben ist auch ein vorweggenommener Tod. Denn jeder Abschied beinhaltet einen Funken des endgültigen Abschieds von dieser Welt.

Lieber Günther, all diese Funken, die du bei deinen vielen Abschieden in deinem Leben in dir angesammelt hast, haben sich in dir bei deinem letzten Feuer entzündet zu einem großen Feuerwerk des Abschieds von dieser Welt.

Wir alle werden dich vermissen, die vielen schönen Fachsimpeleien über die Motoren, die uns über die Straßen dieser Welt gefahren haben. Wir wünschen dir, dass das Geräusch unserer Motoren dich immer begleitet.

Ein Betriebsrat für einen Arbeitskollegen

Verehrte Trauergäste!

Es ist eine schwere Stunde, von so einem guten Kollegen Abschied zu nehmen. Herr Gottfried Zauner war viele Jahre in unserer Firma tätig und wir können es nicht fassen, dass das Schicksal so unerbittlich und endgültig zugeschlagen hat. Der Betriebsrat der Firma nimmt tiefsten Anteil und trauert mit seiner hochverehrten Gattin, seinen Kindern und den engsten Angehörigen.

Mit Sachverstand, Gewissenhaftigkeit und Vorausschau hat er seine Aufgaben all die Jahre über erfüllt. Seine ausgleichende Art schuf in seinem Umkreis ein äußerst angenehmes Arbeitsklima, sodass in seiner Abteilung immer eine sehr positive Stimmung herrschte. Wenn sich auch manches Mal die weniger umgänglichen menschlichen Eigenschaften breit machen wollten, war es immer unser Kollege Gottfried Zauner, der mit seinem ausgeprägten Sinn für das optimale Funktionieren des menschlichen Zusammenlebens die Harmonie, den Konsens wiederherstellte beziehungsweise alles wieder in das berühmte Lot brachte. Es ist begreiflich, dass solche Mitarbeiter für die Firma sehr wichtig und wertvoll sind.

Ich kann mir gut vorstellen, dass Gottfried Zauner auch in seiner Familie der ausgeglichene und ruhende Pol war. Wir können daher sehr gut mitfühlen, dass der Tod Sie, liebe Frau Zauner, mit unfassbarem Leid erfüllt. Auch wir in der Firma werden ihn sehr vermissen, denn einen Arbeitskollegen, wie Gottfried Zauner einer war, vergisst man nicht so schnell. Sein Verlust wird für uns immer eine große menschliche Lücke sein und bleiben.

Ein kleiner Trost möge für Sie, liebe Frau Zauner, sein, dass wir, die Arbeitskollegen und der Betriebsrat, in tiefer Trauer Abschied nehmen von unserem hoch geschätzten Arbeitskollegen, unserem unvergesslichen Gottfried Zauner.

Lieber Gottfried, wir werden dir immer ein ehrendes Andenken bewahren.

Für einen älteren leitenden Mitarbeiter

Verehrte Frau Wagner, werte Trauergemeinde!

Herr Karl Wagner wollte noch nicht gehen. Jetzt hat der Tod ihn unfreiwillig mitgenommen. Herr Wagner wurde im Alter von 43 Jahren in den ewigen Ruhestand abberufen. Unfassbar für uns alle, denn wir hätten seine Fachkenntnis, die er sich in 25 Jahren in unserem Unternehmen mit großem Fleiß und Einsatz erworben hat, noch viele Jahre gebraucht. Mit Herrn Wagner verlieren wir einen Mitarbeiter von altem Schrot und Korn, der das Unternehmen von unten nach oben durchlaufen hat und alle Abteilungen und Winkel genau kennt. Ihm konnte nichts verborgen bleiben.

Über den beruflichen Werdegang der verstorbenen Person müssen Sie sich vorher genau informieren

Herr Wagner trat im Jahre 1975 in das Unternehmen als Lehrling ein. Er nutzte die Gelegenheiten, um seine Fähigkeiten und seine Tatkraft unter Beweis zu stellen. Von Jahr zu Jahr wurde ihm mehr Verantwortung übertragen, so hatte er von 1985 bis 1992 die Funktion des Verkaufsleiters inne. Seine Tatkraft und seine Einsatzbereitschaft machten seine Vorgesetzten immer und solange auf ihn aufmerksam, bis er selbst die Leitung der Abteilung übernahm.

Trotz guter und bester Angebote von anderen Unternehmen blieb Herr Wagner uns treu verbunden. Er hat in unserem Unternehmen seine Wurzeln geschlagen und war gleichsam mit dem Unternehmen verwachsen. Wir sind mit dem Tod von Herrn Wagner ärmer geworden um einen modern und zukunftsorientiert denkenden Verwaltungsfachmann und Ökonom.

Herr Wagner war eine Führungskraft, die mit einer natürlichen Autorität ausgestattet war, er verhielt sich seinen Mitarbeitern gegenüber nie autoritär, sondern leitete sie zu eigenverantwortlichen und kooperativen Verhaltensweisen, zu Eigenverantwortung und Eigeninitiative an. Seine Menschenführung und sein Kommunikationsverhalten lassen sich am treffendsten bezeichnen mit der Strategie des zwanglosen Zwangs. Seine Konzeptionen entwickelte er immer in Teamarbeit, er bezog immer die Ratschläge seiner Mitarbeiter bei der Lösung eines Problems mit ein. Er legte aber nicht auf bedenkenlose Zustimmung Wert, sondern auf kritische Be-

gleitung eines Sachverhalts. Das einmal ins Auge gefasste Ziel setzte er gegen alle Widerstände und Schwierigkeiten durch, ging er bis an die Grenzen seiner Leistungsfähigkeit und der seiner Mitarbeiter. Er verlangte von seinen Mitarbeitern aber nie mehr, als er von sich selbst forderte. Da er selbst das beste Vorbild war, verstand er es stets, seine Mitarbeiter hervorragend zu motivieren. Und ein Motivator wie er vergaß auch nie, seine Mitarbeiter bei entsprechender Leistung zu loben und sich für ihre Belange einzusetzen. Sein feiner Humor schuf am Arbeitsplatz eine Atmosphäre der Kreativität und Offenheit, die zum Abbau von Stress, zur Bewältigung von Stresssituationen immer Wirkung zeigte. So standen seine Mitarbeiter immer hinter ihm, nicht weil er es jedem recht gemacht hatte, sondern weil er zu jedem gerecht war.

Nicht wenige von uns müssen mit dem Tod von Herrn Wagner auch den Verlust eines guten Freundes und Ratgebers beklagen.

Wir trauern um Herrn Wagner und wir werden in Treue zu ihm stehen und über die Zeit hinaus sein Andenken bewahren. Wir werden ihn nicht vergessen und sein Werk in seinem Sinne fortsetzen. Er wird in unserem Unternehmen lebendig bleiben!

Für einen leitenden Mitarbeiter

Verehrte Trauergäste!

> *»Was vergangen, kehrt nicht wieder,*
> *aber – ging es leuchtend nieder,*
> *leuchtet's lange noch zurück.«*

So können wir das Leben und Wirken unseres Mitarbeiters Herrn Lorenz Takel charakterisieren, das noch lange als lebendiges Vorbild auf uns zurückleuchten wird.

Herr Takel, den wir heute hier zur letzten Ruhe bestatten, war ein sehr guter Mitarbeiter, immer zuverlässig und hilfsbereit. Sprichwörtlich ist seine Genauigkeit, die aber nie in Pedanterie ausartete, geworden. Er wusste stets, worauf es ankommt und wo es galt, vollen Einsatz zu erbringen. Er war deshalb von allen Mitarbeitern sehr geschätzt und geachtet. Seine kluge Voraussicht und Umsicht steuerte sein ganzes Arbeitsumfeld.

Ich habe nie in all den langen Jahren eine Beschwerde über Herrn Takel vernommen. Ja, er hat viel gearbeitet, aber auch viel erreicht. Schon als ganz junger Mann hat er Aufgaben und Verantwortung übernommen, die sonst nur älteren, erfahrenen Kollegen vorbehalten waren. Und er hat nie enttäuscht, sondern immer angenehm überrascht. Er hat immer mehr getan, als seine Pflicht gewesen wäre. Ihm war nie die Uhr Richtlinie, sondern immer die Aufgabe, die zu erledigen war. Wir verlieren mit Herrn Takel einen aufrichtigen und pflichtbewussten Mitarbeiter, dem wir für alle Zeiten ein würdiges Gedenken bewahren wollen.

Ihnen, verehrte Frau Takel, und allen Angehörigen will ich hier an dieser Stelle mein aufrichtiges und herzliches Beileid und Mitgefühl im Namen der ganzen Firma ausdrücken.

Herr Takel war für uns alle ein Vorbild – er möge ruhen in Frieden!

Für einen Betriebsleiter

Hochverehrte Frau Tauber, verehrte Trauergäste!

Wir stehen in dieser Stunde hier an diesem Ort vor dem offenen Grab unseres hoch geschätzten Betriebsleiters Herrn Clemens Tauber, auf den wir alle ganz große Hoffnungen für die Zukunft unseres Werkes gerichtet haben. Herr Tauber weilt nun nicht mehr unter uns. Fassungslos stehen wir vor der Tatsache, dass ein Mensch, der vor einigen Tagen noch locker und heiter unter uns voll von Plänen für die Zukunft lebte, heute nicht mehr unter uns ist.

Herr Tauber hat in den Jahren seines Wirkens in unserem Werk Enormes geleistet. Niemand kann es sich vorstellen, welche Erweiterungen in allen Bereichen er in den 17 Jahren durchgeführt hat. Die Belegschaft hat sich in dieser Zeit fast verdoppelt und die Erweiterung des Vertriebsnetzes im vereinten Europa wird noch viele Arbeitsplätze schaffen. Vor neun Jahren hat er unsere Produktionsstätten auf den neuesten Stand der Umwelttechnik bringen lassen, sodass nun ein Höchstmaß an Umweltverträglichkeit gewährleistet ist.

Auch sein Führungsstil im Betrieb war vorbildlich und brachte ihm bei der ganzen Belegschaft höchste Anerkennung und Zufriedenheit ein. Sein Auge war überall und seine Hände packten zu, wo es fehlte. Für jeden Mitarbeiter hatte er ein offenes Ohr und keine Hilfe war ihm zu viel. Berühmt war sein Verhandlungsgeschick und seine kommunikative Kompetenz. Er wurde überall gebraucht und war überall zugegen, sodass man sich fragen muss, ob er nicht manchmal auch über die Grenzen seiner Belastbarkeit hinauseilte, wie es so seine Art war. Er nahm mehr Rücksicht auf andere als auf sich selbst.

Wenn der Betriebsrat und die Belegschaft am Grabe diese Worte spricht, so mag das ein Trost sein, aber ersetzen können Worte einen Menschen nicht. Wir trauern mit Ihnen, verehrte Frau Tauber, und wir werden Herrn Clemens Tauber ein ehrendes Gedenken bewahren. Nehmen Sie diesen Blumengruß als ein Zeichen unserer Wertschätzung und Verbundenheit. Er möge in Frieden ruhen!

Für einen Seniorchef

Verehrte Trauergemeinde!

Der Steuermann hat das Schiff verlassen, er hinterlässt uns als Aufgabe, unser Schiff sicher in den Hafen zurückzusteuern von der großen Fahrt, die er begonnen hat. Der Tod hat ein langes und erfülltes Leben beendet. Wir sind von tiefer Trauer um unseren hoch geehrten Seniorchef und Firmengründer Herrn Alfred Schmid erfüllt.

Mit dem Tod von Herrn Schmid hat dieses Unternehmen nicht nur seinen Steuermann, sondern auch seinen Vater verloren. Seinen Vater im besten Sinne des Wortes. Denn Herr Schmid hat das Unternehmen als seine Lebensaufgabe verstanden, als sein Lebenswerk, das auf Erfolg programmiert war, und davon haben wir alle profitiert. Herr Schmid hat seine Führungsaufgabe mit Sachverstand und Weitblick gelöst – gegen alle Widerstände, die das Leben ihm in den Weg gelegt hat. Denn der Erfolg ist ihm nicht in den Schoß gefallen, sondern ist das Produkt zäher Arbeit, ständiger Einsatzbereitschaft und viel Mut zum Risiko.

In diesem Fall sollten Sie nur auf die Angehörigen eingehen, wenn Sie ihnen wirklich nahe stehen.

Denn Herr Schmid hat vor 40 Jahren den Grundstein für dieses Unternehmen gelegt, ohne große materielle Basis. Er hat sich alles selbst erwirtschaftet. Rückschläge verstand er als Schläge in den Rücken, die ihn im wahrsten Sinne des Wortes immer wieder ein Stück auf seinem Weg an die Spitze vorangebracht haben. Sein Selbstvertrauen, seine Überzeugung, seinen Weg in die richtige Richtung zu gehen, waren der Garant für seinen Erfolg. Mit dieser Philosophie hat er durch Beharrlichkeit ein Unternehmen aufgebaut, das im Inland und im Ausland als eine erste Adresse gehandelt wird. Herr Schmid hat ein Lebenswerk hinterlassen, auf das er mit Recht stolz sein kann.

Herr Schmid freundete sich nie mit den großen Worten an, sondern zog es vor, mit Taten seine Mitarbeiter zu überzeugen. Leistung war für ihn Bestandteil seines Lebens, deshalb forderte er sie mit Selbstverständlichkeit auch von seinen Mitarbeitern. Der Mensch lebt durch die Arbeit und daraus schöpft er die Motivation, diese bestmöglich zu erledigen. Diese Einstellung verknüpfte er mit dem sozialen Auftrag des Unternehmers, den er in dem Sinne verstand, dass es dem Unternehmen nur gut gehen kann, wenn es jedem einzelnen Mitarbeiter gut geht. Stets war Herr Schmid darauf bedacht, die Erfordernisse des Unternehmens mit den Bedürfnissen der Mitarbeiter in Einklang zu bringen. Sein Unternehmen sollte für ihn eine große Familie sein, in der sich die Mitglieder gegenseitig achten und fördern. Seine Unternehmensphilosophie machte den wirtschaftlichen Erfolg von einer sozial funktionierenden Gemeinschaft abhängig.

Blickt man heute zurück auf sein Leben, könnte man den Eindruck gewinnen, dass die Eingebundenheit in das Unternehmen bis in das hohe Alter die beste Medizin war, um Herrn Schmid gesund und geistig vital zu erhalten. Oft legte man ihm von verschiedenen Seiten nahe, sich in das Privatleben zurückzuziehen. Doch das Unternehmen war für ihn der Quell, der ihm Kraft spendete und seinen Lebensbaum stets erblühen ließ.

Herr Schmid weilt nicht mehr unter uns. Von tiefer Trauer erfüllt stehen wir heute hier an seinem Grab und können ihm nur noch einen letzten Gruß entbieten. Wir können ihm nur sagen, dass sein Lebenswerk, sein Unternehmen in seinem Sinne weitergeführt wird. Wir alle bemühen uns, das fortzusetzen, was er begonnen hat. In diesem Sinne gestalten wir ihm ein ehrendes Andenken.

Für einen Unternehmer

Verehrte Trauergäste!

Gestatten Sie mir, dass ich den ergreifenden Worten meines Vorredners noch einige Worte hinzufüge.

Viel zu früh hat das Schicksal unseren allseits geschätzten Abteilungsleiter aus unserer Mitte gerissen. Sein Wirken war für uns alle ein Gewinn und sein plötzlicher Tod bedeutet für uns einen tiefen Schmerz und Verlust, aber gleichzeitig eine Mahnung, in seinem Sinne weiterzuarbeiten. Und das wollen und werden wir. Denn Herr Brunner hat alles getan, um unsere Arbeitsplätze zu sichern und zu erhalten. Das war eines seiner obersten Ziele. Er fühlte sich als Unternehmer mit einer sozialen Verpflichtung gegenüber den Menschen, die mit ihm zusammen arbeiteten.

Dafür danken wir Ihnen, Herr Brunner. Wir danken Ihnen für Ihren unermüdlichen Einsatz für den Betrieb, ohne den bisweilen so manches nicht geglückt wäre. Wir danken Ihnen für das Vorbild, das Sie uns in Ihrer Einstellung zur Arbeit gegeben haben. Wir danken Ihnen für das offene Ohr, das Sie stets für unsere Anliegen hatten. Sie waren ein Mann des Rates und der Tat! Unsere Dankbarkeit möge Sie auch über das Grab hinaus begleiten, und es möge auch ein Trost für die Hinterbliebenen sein, dass so viele andere Menschen die Trauer mit Ihnen teilen.

Mögen diese Blumen, die wir hier auf diesem Grab niederlegen, ein kleiner Dank dafür sein. Ruhe in Frieden!

Trauerreden für den vereinsbezogenen Bereich

Für ein Vereinsmitglied

Liebe Angehörige von Bernd Müller!

Es fällt mir schwer, die richtigen Worte zu wählen. Das Herz eines Menschen hat aufgehört zu schlagen, bildlich gesprochen ist damit das Lebenslicht erloschen. Hier schließt sich der Lebenskreis eines Menschen, distanziert sich das Leben vom Tod. Bei diesem Akt der Trennung zwischen Leben und Tod schwindet die Macht des Menschen. Was jeder einzelne Mensch bei dieser Trennung empfindet, lässt sich nur schwer in Worte fassen.

Liebe Familienmitglieder von Bernd Müller, wir tragen den tiefen Schmerz mit euch. Mit Tränen in den Augen, deren wir uns nicht schämen und auch nicht schämen sollten, nehmen wir Abschied von unserem Bernd. Wir alle waren ihm zugetan und wollen hier Abschied nehmen und ihm ein letztes Lebewohl zurufen!

Für eine Vereinskollegin nach Krankheit

Verehrte Anwesende!

Unsere liebe Kollegin Ingeborg Tauber hat uns für immer verlassen. Sie ließ sich nie anmerken, wie krank sie war. Sie wusste, dass sie dem Tod näher stand als dem Leben. Aber sie ließ sich nichts anmerken. Sie klagte nie, still trug sie ihr Schicksal im Einklang mit sich.

Ich werde sie vermissen und mit mir viele andere auch.

Ruhe in Frieden, Ingeborg Tauber.

Für ein Vereinsmitglied

Liebe Trauergemeinde!

Tief erschüttert und fassungslos stehen wir vor einem offenen Grab. Die Erde soll einen lieben Vereinskameraden für immer aufnehmen.

Die quälende Frage beschäftigt uns: »Warum musste es gerade ihn so unvermutet treffen?« Auf dieses »Warum« gibt es leider keine Anwort, hier ist all unserem menschlichen Denken und Sinnen ein Ende gesetzt. Wir können zwar unseren Lebensweg nach eigenem Willen und unseren Wünschen gestalten, aber die Länge dieses Weges können wir nicht beeinflussen.

Von diesem Bewusstsein, das wir immer wieder verdrängen, werden wir meist erst angesichts des unvermuteten Todes überrascht. Wir haben keine Antwort, wir können nur mitfühlen, und dieses Mitfühlen ist der einzige Trost, den wir als Vereinskameraden Ihnen, liebe Frau Greiner, bezeugen können. Möge dieses Mitgefühl Ihnen ein wenig helfen, die schwere Last zu ertragen. Die Nachricht von dem plötzlichen Tod unseres ersten Vorsitzenden, Wilhelm Greiner, hat uns alle schwer getroffen.

Wir haben mit ihm einen echten Vereinsaktivisten verloren, der sich stets mit großer Tatkraft für die Belange unseres Vereins einsetzte, freiwillig viele Stunden opferte, um aktiv mitzuhelfen, wenn es zum Beispiel galt, Sportveranstaltungen, Wettkämpfe, Vereinsausflüge, Vereinsfeste oder andere Aktivitäten vorzubereiten und durchzuführen. Dabei wussten wir immer sein gutes organisatorisches Geschick zu schätzen. Was er anpackte, hatte immer Hand und Fuß und führte zum Erfolg. Er strebte immer eine möglichst optimale Erfüllung seiner Aufgaben an, die er übernahm. Diese Haltung zeichnete sich auch in seinen sportlichen Erfolgen aus.

> *Tipp* ***Sie können durchaus auch Beispiele zu den sportlichen Erfolgen anführen.***

Bei all seinem persönlichen Ehrgeiz fühlte er sich immer dem Verein verbunden und jeder Erfolg war für ihn immer auch ein Erfolg für den Verein. Diese Einstellung lässt uns den Verlust unseres Vereinskameraden besonders tief empfinden.

Wir fühlen, dass mit seinem Tod aus unserer Vereinsgemeinschaft ein wichtiges Glied herausgebrochen wurde. Wir haben ihm viel zu verdanken. Hierfür wollen wir ihm in dieser bitteren Stunde des endgültigen Abschieds ganz herzlich Dank sagen. Sein wahrer edler Freundschaftssinn wurde von allen besonders geschätzt.

Liebe Frau Greiner, wir trauern mit Ihnen um einen Menschen, der unsere Hochachtung zu Lebzeiten hatte und dem wir über den Tod hinaus ein ehrendes Gedenken bewahren werden. Er möge ruhen in Frieden.

Für einen Vereinskollegen

Verehrte Hinterbliebene!

Es fällt mir schwer, im Augenblick Worte zu finden, die Ihnen angesichts des Schmerzes Trost spenden könnten. Auch wir haben in Bruno Geiger einen Menschen verloren, der uns viel gegeben hat.

Seine zurückhaltende Art, sein Verständnis für jede Situation und sein zielstrebiger Einsatz bleiben uns ein Vorbild. Hier ist ein Mann von uns gegangen, dessen Einsatz für unsere gemeinsame Arbeit wir nie vergessen werden. Er ist von uns gegangen als ein Mann, dem wir vieles zu verdanken haben, der in uns lebendig bleiben wird und dem wir ein ehrendes Andenken bewahren werden.

Wir wenden uns an die Hinterbliebenen mit der größten Anteilnahme und trauerndem Herzen. Sie, verehrte Hinterbliebene, haben unser ganzes Mitgefühl.

Bruno Geiger bleibt uns unvergessen.

Für ein Vereinsmitglied

Verehrte Trauergäste!

Wir trauern. Wir trauern um ein Mitglied unseres FC Wagenburg. Er beherrschte seinen Arbeitsbereich sicher und vollkommen, arbeitete immer mit äußerster Sorgfalt, war stets hilfsbereit und förderte die aktive Zusammenarbeit. Sein Denken war in die Zukunft gerichtet, er war dem Leben immer zwei Schritte voraus.

Rüdiger Petzold war ein Mensch, dessen Charakterbild jeder Kritik standhielt. Wir haben ihn verloren. Plötzlich und ohne Vorwarnung. Der Tod als Eilbote. Er hinterlässt eine große Lücke, die nicht zu schließen sein wird. Rüdiger Petzold wird uns fehlen. Sein Name wird im Buch unseres Vereins stehen und ihn unvergessen machen. Ruhe sanft, lieber Rüdiger!

Für ein Vereinsmitglied

Verehrte Trauergäste!

Hier ist einer von uns gegangen, liebe Freunde, der uns sehr viel bedeutet hat. Ein ruhiger, sensibler, unauffälliger Mensch, der nie viele Worte um sich und andere gemacht hat, aber jede Aufgabe, jedes begonnene Werk tatkräftig zu Ende gebracht hat. Still, wie es so seine Art war, hat er sich von diesem Leben verabschiedet.

Er lässt viele Menschen zurück, die ihn nie vergessen werden: Denn er war ein guter Ehemann und Vater seiner Kinder, ein guter Kollege und Freund.

Wir trauern um ihn, wir, die wir ein Vereinsmitglied in ihm verloren haben. Er füllte sein Ehrenamt stets mit großem Einsatz aus und brachte Ideen und Gedanken ein, die wir weiterentwickeln werden. Mit großem Engagement ging er an die Dinge heran und setzte sein ganzes Wissen ein.

Er wird uns fehlen. Josef Pfaff, du bleibst uns unvergessen.

Für ein Vereinsmitglied

Lieber Freund!

Dein Herz, das fast ein ganzes Leben für diesen Verein geschlagen hat, schlägt nicht mehr. Traurig und schweigend übergeben wir dich der kühlen Erde deiner Heimatstadt. Sie wird dich bedecken und deinen Körper für immer von uns trennen.

Aber, lieber Freund, dein Bild wird immer unter uns sein und in uns leben. Einen Menschen wie dich können wir nicht vergessen. Ein Mensch, der so hilfsbereit und selbstlos, so zupackend und fähig, so ausgeglichen und humorvoll war, der bleibt ewig in Erinnerung.

Wenn du nun von uns gehst, dann hinterlässt du uns dein Lebenswerk, unseren Verein, als Aufgabe für die Zukunft. Du wirst in der Geschichte unseres Vereins als Edelstein immer auffallend und schmückend glänzen.

Dein Leben war reich an Arbeit, du hast dir mit Zähigkeit und Fleiß deine berufliche Existenz und dein Haus aufgebaut. Worte sind zu trocken, um dein Lebenswerk zu zeichnen, und du würdest sagen, Freunde, das ist auch nicht der Ort und die Stunde, um viele Worte zu machen. Wer dich kannte, der weiß, wer du warst und was du an unserer Stelle sagen würdest: Freunde, redet nicht zu viel, sondern packt an und führt das begonnene Werk zu Ende.

Wenn nun das Lied der Freundschaft »Ich hatt' einen Kameraden ...« erklingt, dann fühlen und empfinden die Herzen, was für ein guter und treuer Freund du uns allen warst.

Aufrichtig, dankbar und gerührt wollen wir dir noch einmal unseren letzten Gruß entbieten und dir mit den Tönen dieses Liedes die letzte Botschaft senden: Ruhe in Frieden, lieber, guter und teurer Freund! Nimm dieses Blumengebinde zum Zeichen unserer Verbundenheit als letzten Gruß deiner Freunde vom Musikverein.

Für ein Ehrenmitglied eines Vereins

*Verehrte Trauergemeinde,
liebe Vereinsmitglieder,
liebe Angehörige!*

Unsere gemeinsame Trauer gilt einem hoch geschätzten Mitglied und Förderer unseres FC Langen. Im Namen des ganzen Vereins spreche ich Ihnen, sehr geehrte Frau Kaiser, Ihren Kindern und allen Angehörigen meine tiefe und aufrichtige Anteilnahme aus.

> *»So seltsam fremd wird dir die Welt,
> und bis verlässt dich alles Hoffen,
> bis du es endlich, endlich weißt,
> hat dich des Todes Pfeil getroffen.«*

Mit diesen Worten des Dichters Theodor Storm lässt sich ausdrücken, dass der Pfeil des Todes auch das Herz derer tief und schmerzlich trifft, die am Grab eines Freundes zurückbleiben.

Herr Franz Kaiser war ein Mensch, der das Leben im Griff hatte, steuerte, sich seine Lebenswelt aufbaute. Er hat sich hier in unserer Gemeinde eine berufliche Existenz erarbeitet und sich sein Haus gebaut. Unser lieber Freund hat immer, zu jeder Stunde seines langen und erfüllten Lebens mit vollem Einsatz gearbeitet, er hat keine Mühe gescheut.

Die innere Kraft für seine Arbeit hat er sich unter anderem auch in unserem Verein geholt. Das Fußballspielen war sein Hobby, sein Leben, darin ist er aufgegangen.

Nach seiner aktiven Zeit hat er die Ämter des Sportwarts und des ersten Vorsitzenden ausgeübt und sich vor allem um den Aufbau unseres Vereinsheims verdient gemacht.

Doch all die Worte und die Ehrenmitgliedschaft können der tatsächlichen Leistung unseres lieben Herrn Kaiser für unseren Verein nur annähernd gerecht werden und können nur als Zeichen der Achtung und Wertschätzung für seine Verdienste um unseren Verein begriffen werden.

> *»Was hohen Trachtens den Verstand*
> *und heißen Schlags das Herz bewegt,*
> *das alles wird zum Possentand,*
> *wenn sich der Mensch zum Sterben legt.«*

Deshalb, liebe Freunde, singen wir unserem lieben Freund ein Lied, geben wir ihm die letzten Töne mit auf den Weg, der in eine Unendlichkeit führt, die wir nicht begreifen, sondern nur erahnen können – lassen wir die Töne hinüberklingen, hinüber zu dir, lieber Freund!

Für einen Amtsinhaber im Verein

Verehrte Trauergäste!

Ein Mensch ist von uns gegangen. Ein Mitglied unseres Vereins: Karl-Heinz Kramer.

Wir stehen vor seinem Grab und denken an ihn. An ihn, der sich um unseren Verein verdient gemacht hat. Das Amt des Sportwarts hat er mit größtem Einsatz ausgefüllt. Eine nicht immer dankbare Aufgabe, aber er meisterte Schwierigkeiten dadurch, dass er sie tatkräftig beseitigte. Die Freude an der Aufgabe, das zeichnete Karl-Heinz Kramer aus. Sein Name wird noch oft bei unseren Sitzungen und Versammlungen eine wichtige Rolle spielen. Er wird als Vorbild für uns in unserem Bewusstsein mit anwesend sein.

Das Blumengebinde kann nur ein symbolischer Ausdruck für die Anerkennung und den Dank sein, den wir ihm für alles, was er für unseren Verein getan hat, entgegenbringen. In diesem Sinne, Karl-Heinz, grüßen wir dich zum letzten Mal.

Kranzniederlegung für verstorbene Vereinsmitglieder

Verehrte Trauergemeinde!

Wenn wir heute hier an dieser Stelle einen Kranz niederlegen, dann drücken wir symbolisch unsere Verbundenheit mit unseren verstorbenen Vereinsmitgliedern aus. Achtung, Erinnerung, Trauer – jeder wird eine andere Beziehung für sich herstellen.

Warum sich der Toten erinnern, warum die Erinnerung an den Schmerz hervorrufen?

Wolfgang Amadeus Mozart, der Komponist der Lebensfreude, hatte über seinem Bett ein Porträt des Todes hängen. In einem seiner Briefe schreibt er über den Tod: »Seitdem ich mit dem Tod Freundschaft geschlossen habe, ist er mir der Schlüssel zum Leben, ich weiß, dass ich mit ihm alle Probleme lösen kann!« Nur wenn wir den Tod als biologischen Bestandteil unseres Lebens anerkennen, uns mit ihm auseinander setzen, nehmen wir auch das Leben in seiner Ganzheit an.

Die Erinnerung und Ehrung unserer verstorbenen Freunde ist ein Zeichen der geistigen Verbundenheit mit ihnen und der Dankbarkeit für ihr Wirken in unserem Verein. Ihre unermüdlichen Anstrengungen waren die Basis für die heutige Blüte unseres Vereins.

Dafür danken wir ihnen mit dieser Kranzniederlegung und zeigen Ihnen, dass wir sie nicht vergessen haben.

Für ein Mitglied des Landfrauenbundes

Verehrte Trauergäste!

Für den Landfrauenbund Kreisburg ist es eine schwere Stunde, von unserer lieben Frau Rosa Felding heute für immer Abschied zu nehmen. Wir sind erschüttert und ohnmächtig in unserer Trauer.

Die liebe Frau Felding hat mit ihrer aufrichtigen und offenen Art in all den Jahren einen menschlich wertvollen Beitrag für unseren Verein geleistet. Sie war immer unsere Sprecherin, die gehört und respektiert wurde, wenn es um wichtige Fragen unserer Belange ging. Mit zäher Beharrlichkeit verfocht sie die Interessen unserer Vereinigung, bis sie das erreichte, was sie sich vorgenommen hatte. Und sie hat wahrhaftig sehr viel für den Landfrauenbund Kreisburg erreicht. Denken wir nur an ...

(Aufzählung)

Die Aufzählung der Verdienste muss nicht vollständig sein, greifen Sie nur die wesentlichen heraus.

Ihre Ziele erreichte Frau Felding nicht mit sturer Verbissenheit, sondern mit ihrer freundlichen, gewinnenden und letztendlich bezwingenden Ausstrahlung und Persönlichkeit.

Ihr Tod reißt daher eine große Lücke in unser Vereinsleben. Doch ihr strahlendes Gesicht und ihr unbeschwertes Lachen werden nicht aus unserer Erinnerung zu verdrängen sein. Wer das Glück hatte, mit Frau Felding über Jahrzehnte hin zusammenzuarbeiten und freundschaftlich verbunden zu sein, der verspürt – wie ich jetzt – eine grenzenlose innere Leere und tiefe Trauer.

Lieber Herr Felding, seien Sie versichert, Frau Felding wird stets in unserem Andenken einen Ehrenplatz als Vorbild und großartige Persönlichkeit behalten.

Im Namen des Landfrauenbundes Kreisburg lege ich diesen Kranz als letzten Gruß nieder. Liebe Rosa, wir werden dich nie vergessen! Lebe wohl in einer anderen Welt!

Für ein Mitglied eines Gartenbauvereins

Verehrte Trauergemeinde!

Wir alle wissen, dass die Natur ein ewiges Werden und Vergehen ist, ein immer währender Kreislauf von Geburt und Tod. Mit den Worten Heraklits gesprochen: »Lebendes und Totes, Wachendes und Schlafendes, Junges und Altes sind eins. Denn das Eine wandelt sich ins Andre – und das Andre zurück in das Vorige.« Der Mensch hat darauf keinen Einfluss. Er ist machtlos den Gewalten der Natur ausgeliefert.

Heute stehen wir hier am Grabe von Frau Alexandra Vogler, die aus dem natürlichen Umfeld ihres Gartens herausgerissen worden ist. »Der Tod steht hinter dem Birnbaum«, beobachtet uns und reicht uns in einem für ihn günstigen Moment und für uns ungünstigen Augenblick die Hand. Wenn wir seine Hand nicht zurückweisen, schenkt er uns einen sanften Abschied.

Frau Vogler hat das Schicksal angenommen, dass die schönste Blume, der Baum mit den meisten Jahresringen im Garten nicht mehr sein wird. Der Platz an dieser Stelle des Gartens wird leer bleiben – für immer leer, wenn wir diesem Platz nicht mit unserem Gedenken eine neue Gestalt geben und Neues daraus wachsen lassen. Wir werden unsere ganze Fantasie walten lassen und einen Garten Eden anlegen, der dir, liebe Alexandra, zur Ehre gereichen wird.

In diesem Sinne nimm als erstes Zeichen unserer Wertschätzung diesen Blumengruß.

Für ein Mitglied eines Gesangvereins

Verehrte Trauergemeinde!

Die Partitur schreibt das Leben, Gott inszeniert, die Menschen führen aus. Wir sind heute hier versammelt, um einer Sangesschwester das letzte Geleit zu geben.

Das Leben hat für Frau Katharina Schwarz die letzte Partitur geschrieben und wir sind die Stimmen, die zum Abschied erklingen. Gott ist der Dirigent eines vielstimmigen Chores, er bestimmt, wann eine Stimme lauter oder leiser zu werden hat, ein- und auszusetzen hat. Die Stimme unserer lieben Frau Schwarz ist nun für immer verstummt. Wir werden ihren klaren Sopran nie wieder hören. Nie wieder wird die uns allen vertraute Stimme in unseren Ohren klingen.

Was uns bleibt, ist die Erinnerung. Die Erinnerung an eine Sangesschwester, mit der wir 15 Jahre in unserem Chor gesungen haben. Wir werden uns noch lange an die vielen schönen gemeinsamen Abende der Proben und Gesangsstunden erinnern und die Höhepunkte unserer Konzerte: ...

(Aufzählung)

Was uns bleibt, ist das ehrende Gedenken. Liebe Katharina, wir werden singen aus tiefster Seele zu dir empor! Du wirst uns hören können und so werden wir verbunden bleiben in dem sphärischen vielstimmigen Konzert des Alls. Wir bleiben verbunden über die Sphärenharmonie der Musik.

Heute reichen wir dir als Zeichen unserer Verbundenheit dieses Blumengebinde und geben dir ein letztes Lied mit auf den Weg zu deinem neuen Chor in einer anderen Welt.

Für ein Mitglied eines Theatervereins

Verehrte Trauergemeinde!

Frau Anneliese Schöninger hat die Bühne des Lebens verlassen, der Vorhang hat sich gesenkt, das Spiel ist aus. Was uns Hinterbliebenen bleibt, ist, ihr einen letzten Applaus zu spenden für das gekonnte Spiel all die Jahre auf der Bühne unseres Vereins.

Frau Schöninger hat 20 Jahre in über 30 Stücken mitgespielt. Wer so lange gespielt hat, kann auch die letzte Rolle, die ihm der Tod abverlangt, spielen. Das Theater kennt den Handel mit dem Tod um die Verlängerung des Lebens. Der Mensch gibt alles, um sein Leben verlängern zu können, doch das Spiel auf der Bühne wird von der bitteren und traurigen Wirklichkeit eingeholt. Der Tod zieht den Vorhang vor unser Leben, der Tod wartet nicht auf den Aktschluss, sondern beendet das Spiel, wann er will.

Der Tod bricht die Szene ab, der Tod trennt die Liebenden im Spiel und im Leben, er wartet nicht auf den Applaus, er holt uns heraus aus dem Spiel und schließt uns Mund und Augen. Die Mitspieler können nur mit Entsetzen und Ohnmacht das Eingreifen des Todes in das gemeinsame Spiel verfolgen. Doch der Tod verbietet sich jedes Eingreifen.

Heute trauern wir um eine unserer besten Mitspielerinnen. Sie hat bis zuletzt ihre Rolle mit Bravour gespielt, sie hat sich nicht versprochen, sondern hat das letzte »Ja« gesagt. Sie ist abgetreten, eine große Mimin, wir werden sie immer als unsichtbare Dritte in unser Spiel einbeziehen und nie ihr verschmitztes Lächeln vergessen, ihre Schlitzohrigkeit und Geradlinigkeit, ihr lachendes und trauriges Gesicht, ihren erstaunten und verständnisvollen Ausdruck.

Frau Schöninger hat zwar für ihr Leben gern gespielt – Theater gespielt – aber das Leben nie als Spiel begriffen. Sie hat in ihrem Beruf verantwortungsvoll ihre Frau gestanden. Aber wer Theater spielt, hat das gewisse Etwas an sich, die kreative Note, die den Blick auf die schönen Dinge des Lebens lenkt.

Wir wünschen uns, dass Frau Schöninger in dem anderen Leben ewig Schönheit schauen wird. Wir wünschen uns, dass du uns hier auf der Er-

de zurückgebliebene Mitspieler nicht vergisst. Denn wir, liebe Anneliese, werden dich nie vergessen, wir spielen immer für dich.

Nimm dieses Blumengebinde als Geste des Dankes und ruhe in Frieden!

Für ein Mitglied eines Musikvereins

Verehrte Trauergemeinde!

Der letzte Ton ist gespielt, der letzte Ton ist verklungen, der letzte Ton ist gesungen – doch die Töne verhallen ohne Echo an der Stille des offenen Grabes – Zeichen dafür, dass du, lieber Freund, die Töne mit in die andere Welt genommen hast!

Diese Töne sind das Band, das uns mit dir für immer verknüpft. Wir haben dieses Band viele lange Jahre gemeinsam geknüpft! Wir haben aus den Tönen ein Muster des Klangs geformt. Dieses Klangmuster haben wir bei vielen Anlässen gemeinsam vorgetragen. Du, lieber Freund, hast all die Jahre mit deinem Gesang vielen Menschen Freude gespendet. Deshalb trauern viele Menschen heute hier um dich. Denn nur wer Freude sät, wird Freude ernten! Du kannst auf eine reiche Ernte zurückblicken. Du hast an unzähligen Veranstaltungen teilgenommen. Denn die Musik war dein wahres Leben, die Musik war der Kern, die Quelle der Kraft und der Freude für dich.

Tipp

Falls die verstorbene Person ein oder mehrere Instrumente spielte, sollten Sie dies erwähnen.

Heute hier an diesem Ort versagen die Worte fast – aber wo die Rede nichts mehr vermag, drückt die Sprache der Töne die Gefühle aus: spricht, klagt und tröstet!

Besonders Ihnen, Frau Schreiber, drücken wir unser besonderes Mitgefühl aus. Die Musik verbindet über den Tod hinaus. In diesem Sinne nimm diesen letzten Blumengruß und die letzte Melodie als Zeichen unserer tiefen Verbundenheit mit dir!

Für ein Mitglied eines Sportvereins

Verehrte Trauergemeinde!

Der Tod holt jeden Menschen ein! Dem Tod kann niemand davonlaufen, auch wenn er noch so schnell rennt! Frau Sybille Heuer ist bei ihrem letzten Spiel über das Ziel hinausgelaufen, die Macht des Todes hat sie vom Platz geholt. Sie hat tapfer gekämpft, alles gegeben, aber das letzte Spiel, das wir im Leben spielen, ist nicht zu gewinnen. Den Kampf gegen den Tod hat sie verloren. Einer Sportlerin bleibt in diesem Spiel nur das Eine: kämpfen bis zur letzten Minute und sich gegen einen übermächtigen Gegner achtbar und würdig behaupten. Frau Sybille Heuer hat sich der Herausforderung des Todes gestellt und sie angenommen.

Wie in ihrem Sportlerleben, so ist sie auch in der Stunde ihres Todes ein Vorbild für uns alle. Wir kennen sie all die langen Jahre, in denen wir gemeinsam unserem Hobby Tennis nachgegangen sind, als Menschen, der in keiner Situation aufgibt, auch wenn sie noch so aussichtslos war. Du warst immer eine Kämpferin. Wir sind stolz auf dich, das möchten wir dir heute zum letzten Mal sagen. Deine aktive Zeit war von großen Erfolgen gekrönt. Du kannst auf eine Reihe von Meisterschaften und Siegen zurückblicken: (Aufzählung). Es sei mir erlaubt, in dieser traurigen Stunde an unsere gemeinsamen Erfolge zu erinnern. Doch wir werden deine Erfolge und Leistungen für immer in einem ehrenden Gedenken halten.

Nach deiner aktiven Zeit hast du dich in unserem Verein um den Nachwuchs gekümmert und eine Jugendabteilung aufgebaut. Dafür sprechen wir dir heute Worte des Dankes aus.

Versteh dieses Blumengebinde als Zeichen unseres Dankes und unserer Wertschätzung!

Ihnen, lieber Herr Heuer, versichern wir unsere aufrichtige Anteilnahme.

Für ein Mitglied einer freiwilligen Feuerwehr

Verehrte Trauergäste!

Die Flamme hat aufgehört zu brennen. Bei einem Feuer, einer Brandkatastrophe ist das ein Zeichen dafür, dass wir unsere Pflicht erfüllt haben. Die Feuerwehr hat den Kampf gegen die Gewalt der Natur des Feuers gewonnen. Wenn wir die Flamme, das Licht als ein Sinnbild des menschlichen Lebens begreifen, dann müssen wir eingestehen, das wir Menschen gegen das Verlöschen dieser Flamme kein Mittel haben. Gegen diese Gewalt der Natur verliert der Mensch den Kampf.

Heute stehen wir hier am offenen Grabe unseres verehrten Kollegen Werner Reuter. Sein Licht hat aufgehört zu brennen und zu leuchten. Dieses Licht wird aber in unserer Gemeinde weiter leuchten. Das zeigt auch die große Zahl der heute hier anwesenden Trauergemeinde. Denn Herr Reuter wird vielen Menschen unvergessen bleiben. Anderen Menschen, den Mitmenschen helfen, war oberstes Gebot in seinem Leben.

Seit 17 Jahren hat er mit dem vollen Einsatz seines Lebens bei der Freiwilligen Feuerwehr Marktwalden anderen Menschen geholfen – getreu dem Leitspruch: »Den Menschen zur Wehr, Gott zur Ehr!« Gott hat ihn nun heimgeholt zu sich. Dort in diesem anderen Leben wird deine Flamme weiter leuchten, und wir werden dein Licht dort oben am Firmament sehen, und du wirst uns immer Licht spenden bei unseren nächtlichen Einsätzen, das wissen wir. Denn du, lieber Werner, warst ein guter Kamerad, ein guter Freund; denn du hast bei deinen Handlungen immer auch darauf geachtet, deine Kollegen zu schützen. Wir wissen nur zu gut, dass wir mit dir einen guten Kollegen verloren haben.

Wir können dir nur mit stummer Trauer das letzte Geleit geben und unserem Gefühl für dich auf diese Weise Ausdruck verleihen. Nimm diesen letzten Blumengruß als Zeichen des Dankes, der Ehrerbietung und der Freundschaft.

Für eine sozial engagierte Frau

Verehrte Trauergemeinde!

Wir haben heute unsere liebe Frau Margot Wenninger auf ihrem letzten Weg begleitet.

Das, was sterblich und vergänglich an ihr ist, liegt im Grab – umschlossen von unserer Mutter Erde. Doch die Enge des Grabes kann ihre weite, mitfühlende und offene Seele nicht umschlossen halten. Frau Wenninger wird allzeit in unseren Herzen wirken und uns Vorbild sein.

Zahllosen Menschen hat sie in innerer und äußerer Not ihr Ohr geschenkt. Sie war eine Frau der Tat, denn sie begnügte sich nicht mit wohlmeinenden Worten, sondern bemühte sich, mit ihren Taten die Nöte zu lindern oder ihnen ein Ende zu bereiten. Dabei achtete sie weniger auf sich selbst als vielmehr auf die anderen. Nicht sie war sich die nächste, sondern der andere stand ihr näher.

»Eine starke Frau, wer wird sie finden? Ihr Wert gleicht den Dingen, die von weit herkommen, von den äußersten Enden ... an Großes legt sie ihre Hand.« Diese Worte aus dem Buch der Weisheit treffen die Persönlichkeit und den Charakter dieser Frau. Sie war eine wahrhaft starke Frau, die vor keiner Schwierigkeit zurückschreckte, sodass sie auch anderen Mut schenken konnte. Dabei spielte sie sich nie groß in den Vordergrund, sondern ging einfach und ehrlich ihren Weg, ohne große Worte, ohne nur wohltönendes Pathos.

Tipp

Variante

Wenn wir den Sinn ihres Lebens begreifen wollen, sagen wir nur ein letztes schlichtes Wort zum Abschied: Danke.

Nun ist sie für immer von uns gegangen und hat eine Leere hinterlassen, die sich nicht schnell füllen wird. Frauen mit dieser Kraft und Stärke schenkt das Leben den Menschen nicht so oft. Sie sind eine Rarität, ein Kleinod, eine Quelle, die Kraft zum Leben spendet. Wir danken dir, liebe Margot, dass wir dich kennen und schätzen lernen durften, wir danken dir für alles. Möge dir in einem ewigen Leben das zuteil werden, was du uns in deinem Leben geschenkt hast.

Trauerreden für den öffentlichen Bereich

Für einen verdienten Bürger

Sehr geehrte Trauerversammlung!

Wir stehen in tiefer Ergriffenheit am offenen Grabe eines Mannes, der sich um unsere Gemeinde in hohem Maße verdient gemacht hat. Als Bürgermeister ist es mein tiefstes Anliegen, Worte des Dankes und des Abschiedes zu sprechen. Das fällt mir nicht leicht, denn jeder Abschied von dieser Welt führt uns die Vergänglichkeit des menschlichen Daseins vor Augen.

Ich habe in einem nahen Verhältnis zu Herrn Dietmar Edenberger gestanden, er war mir ein Vorbild in vielen Dingen. Sein Sachverstand für die Belange des öffentlichen Lebens hat mich immer wieder tief beeindruckt.

Zudem wissen wir alle, dass er ein liebevoller und sorgsamer Familienvater war.

Mit seiner Familie trauern aber auch die Mitarbeiter in seinem Betrieb, trauert die ganze Gemeinde. Wenn geteilter Schmerz wirklich nur halber Schmerz sein soll, dann bieten wir uns an, einen Teil des Schmerzes auf unsere Schultern zu nehmen und mit ihnen zu tragen.

Niemals soll die Gemeinde vergessen, was Herr Edenberger für sie getan hat. Ich bin nicht in der Verfassung und das ist auch nicht die richtige Stunde, all das aufzuzählen, was Herr Edenberger für uns leistete. Aber etwas muss gesagt werden: Seine uneigennützige Hilfsbereitschaft hat vielen Menschen geholfen. So möchte ich nicht alle seine Taten im Einzelnen nennen, ihn aber mit einer Sentenz von Albert Schweitzer ehren, die auf sein Leben zutrifft: »Ethik ist ins Grenzenlose erweiterte Verantwortung gegen alles, was lebt!«

Möge sein Verantwortungsbewusstsein gegenüber seiner Umwelt uns Vorbild sein und bleiben.

Für einen verdienten Bürger

Verehrte Trauergemeinde!

Wir stehen heute an diesem Grabe, erfüllt und bewegt von tiefer und echter Trauer um unseren verehrten Mitbürger Herbert Brandner. Sein Tod hinterlässt in unserer Gemeinde eine Lücke, die lange auf einen adäquaten Ersatz wird warten müssen.

Seine Persönlichkeit und Tätigkeit prägte lange Jahre wesentliche Bereiche unseres gesellschaftlichen Lebens: ... (Aufzählung). Mit Herrn Brandner vollendete ein Mensch sein Dasein, der sein persönliches Wirken vor allem in den Dienst der Allgemeinheit stellte. Er war »Bürger« im wahrsten Sinne des Wortes, er bürgte für das Gemeinwohl mit seiner Person. Bürger sein bedeutet, heraustreten aus dem privaten in den öffentlichen Bereich und sich der Belange und Aufgaben der Öffentlichkeit annehmen. Sicher ist das nicht immer leicht. Doch Herr Brandner scheute keine Anstrengung und Belastung für das Wohl seiner Mitbürger. Durch seine Arbeitsfreude, seinen Einsatz und seinen Tatendrang trug er im Laufe der Jahre zur Verwirklichung zahlreicher Projekte bei. Und unter seiner fachmännischen Leitung wurde sehr vieles für unsere Gemeinde geschaffen.

Tipp

Wenn Sie über die Projekte genauer Bescheid wissen, spricht nichts dagegen, sie an dieser Stelle ausführlicher zu erwähnen.

Durch seine hilfsbereite und freundliche Art war er für viele seiner Mitbürger Ratgeber und Helfer in manch problematischer Situation. Sachlichkeit in der Arbeit, Offenheit im Gespräch und Achtung vor der Meinung des Andersdenkenden und Bereitschaft zur Kooperation waren die Eigenschaften, die wir in langen Jahren gemeinsamer Arbeit an ihm zu schätzen gelernt haben.

Ein Dichterwort sagt: »Der Ruhm ist Schatten nur der Tat!« Und so können wir mit Worten seinen Taten und Verdiensten nur annähernd gerecht werden. Der vorstorbene Herr Brandner wird in unserer Gemeinde durch das von ihm Geschaffene weiterleben und sein Name wird für alle Zeit mit dieser Gemeinde verbunden bleiben. Herr Brandner hat uns allen Verantwortungsbewusstsein für die Gemeinschaft, Achtung vor dem Mitmen-

schen und Verständnis für den Menschen vorgelebt. Fassen wir es als unsere Pflicht auf, seine begonnenen Projekte und Vorhaben in seinem Sinn zu Ende zu führen!

Wir werden uns in dieser Stunde der Trauer und des Schmerzes bewusst, wie sehr wir ihm verbunden waren und wie sehr er auf uns gewirkt hat. Drücken wir dieses Bewusstsein der Zusammengehörigkeit in unserem Handeln für unser Gemeinwesen aus – ich glaube, damit geben wir den Worten: »Wir danken dir für alles!«, einen Inhalt in seinem Sinne!

Für einen Gemeinderat vor Beginn der Sitzung

Verehrte Gemeinderäte!

Zu Beginn der heutigen Sitzung gedenken wir alle unseres am 3. Mai 2000 verstorbenen Gemeinderates, Herrn Johannes Krüger.

Herr Krüger war uns allen aus langen Jahren der Zusammenarbeit vertraut, wir schätzten seinen Rat, bedachten seine Worte und bemühten uns mit ihm gemeinsam Entscheidungen zum Wohle unserer Gemeinde zu treffen. Die Gemeinde Windhausen hat durch das Ableben von Herrn Krüger einen schweren Verlust erlitten. Wir wollen im Gemeinderat das Andenken an diese Persönlichkeit des öffentlichen und politischen Lebens in Ehren halten. Widmen wir Herrn Johannes Krüger ein stilles Gedenken ...

Ich danke Ihnen, meine Damen und Herren! Ganz bestimmt ist es im Sinne des Verstorbenen, wenn wir nun zur Tagesordnung übergehen.

Für ein Mitglied des Gemeinderats

Sehr geehrte Trauergäste!

Es ist nicht einfach für mich, an diesem Grabe die rechten Worte zu finden. Wir trauern alle um einen Mann, der sich um die Gemeinde viele Verdienste erworben hat.

Getragen vom Vertrauen seiner Wähler, ausgestattet mit hervorragenden fachlichen Qualitäten und einer Begabung für richtige Entscheidungen, war er uns allen ein unverzichtbares Mitglied des Gemeinderates. Viele Stunden seiner Arbeitstage und seiner Freizeit waren den Vorbereitungen für die Sitzungen des Gemeinderates und der Arbeit in den Ausschüssen gewidmet. Als qualifizierter und langjähriger Gemeinderat war er zwar vor allem den Zielen seiner Partei verpflichtet, aber stets hatte er bei seinen Entscheidungen die Konsequenzen für das alle Bürger umfassende Gemeinwohl im Auge.

Die Anliegen der Bürgerschaft prüfte er sehr genau und umfassend. Vor den Entscheidungen im Gemeinderat legte er fundiert seine Meinung zu dem entsprechenden Problem dar. Denken wir nur an seine Vorschläge und Ideen zu den bahnbrechenden Projekten: ... (Aufzählung).

Der indische Denker Tagore sagt: »Das Leben ist ein Geschenk, das wir verdienen, indem wir es hingeben.« Mit Herrn Eberhard Leitner ist aber nicht sein Lebenswerk gestorben, er lebt weiter in unserem Gedächtnis, in unserer Erinnerung.

Unsere Gedanken und Gefühle wenden sich auch an die Angehörigen. Wir fühlen mit ihnen und achten ihren Schmerz, der auch uns trifft. Wir werden für sie bereit sein, wenn sie unseren Beistand brauchen.

Lassen sie mich nun, verehrte Trauerversammlung, im Namen der Gemeinde Gleinstätten und als Beauftragter des Gemeinderates diesen Kranz an der letzten Ruhestätte unseres unvergesslichen Gemeinderates Eberhard Leitner niederlegen. Er soll von der Wertschätzung zeugen, die wir ihm entgegenbringen.

Für ein Mitglied des Gemeinderats

Unserer Gemeinde kommt heute die traurige Pflicht zu, des verstorbenen Gemeinderatmitglieds Frau Elisabeth Kiesling zu gedenken, die am 4. Februar unerwartet und plötzlich aus unserer Mitte abberufen worden ist.

Frau Kiesling gehörte als Mitglied der SPD-Fraktion über 18 Jahre dem Rat unserer Gemeinde an.

In all diesen Jahren stellte sich Frau Kiesling unermüdlich und uneigennützig in den Dienst des Gemeinwohls. Ihre Freizeit widmete sie dem Gespräch mit den Bürgern und den Belangen unserer Gemeinde. Keine Stunde war ihr zu lang und kein Weg war ihr zu weit. Frau Kiesling wusste immer die Richtung des Weges, hatte das Ziel klar vor Augen. Sie verfolgte aber nie die bedingungslose Durchsetzung ihres Ziels, sondern versuchte stets einen Ausgleich der verschiedenen Interessen zu finden. Im Vordergrund ihrer Arbeit stand immer die Sache, nie ein persönlicher Vorteil oder der absolute Durchsetzungsanspruch einer Ideologie. Dieses Verständnis ihrer Arbeit im Gemeinderat machte sie bei sämtlichen im Gemeinderat vertretenen Parteien zu einer allseits geschätzten Gesprächspartnerin mit Sachverstand und hoher sozialer Kompetenz.

> Tipp
>
> **Erkundigen Sie sich bei Personen des öffentlichen Lebens genau über die korrekte Amtsbezeichnung.**

Frau Kiesling war sich ihrer demokratischen Verantwortung bewusst, die sie stets als Bemühen um Konsens verstand. Sie war sich bewusst, dass Konsens nicht mit großen Worten und Gesten hergestellt werden kann, sondern mit kleinen Gebärden, Zeichen des guten Willens sowie ständiger Gesprächsbereitschaft und dauerndem Gespräch.

Mit Frau Kiesling hat unsere Gemeinde nicht nur eine kompetente Kommunalpolitikerin verloren, sondern auch einen wertvollen Menschen und eine Freundin. Mit dem Dank für ihre Leistungen, die sie unserer Gemeinde erbracht hat, verbindet sich unser ehrendes Gedenken, das wir ihr allzeit bewahren werden.

Zum Tod eines Altbürgermeisters

Verehrte Trauergäste!

Wir stehen heute am Grab eines Mannes, der sich um unsere Gemeinde einen Großteil seines Lebens verdient gemacht hat. Herr Hubert Leitner hat 32 Jahre seines Lebens als Bürgermeister für unsere Gemeinde gewirkt.

Sein Amt hat er hauptsächlich als Dienst am Menschen verstanden. Unbürokratisch hat er jedem Bürger sein Ohr geliehen. Das Gemeinwohl hatte für ihn oberste Priorität.

In weiser Voraussicht hat er in Zusammenarbeit mit allen politischen Kräften bereits früh, 1970, den Flächennutzungsplan geändert und Gewerbeflächen ausgewiesen, sodass sich viele mittelständische und kleine Betriebe ansiedeln konnten und somit viele Arbeitsplätze geschaffen wurden. Die Durchführung der Flurbereinigung verbesserte die Bedingungen für unsere Landwirtschaft. Dazu kümmerte er sich um eine bestmögliche verkehrstechnische Infrastruktur für unseren Raum und um eine Anbindung an das überregionale Straßennetz. Diese Weitsicht legte den Grundstein für unsere bis heute in wirtschaftlicher Hinsicht prosperierende Gemeinde.

Herr Leitner hat aber auch in sozialer und kultureller Hinsicht Voraussicht bewiesen. So hat er bereits früh die Weichen für Versorgungseinrichtungen gestellt: Großwalden hat genügend Kindergartenplätze, Ärzte – auch Fachärzte – und ein Krankenhaus. Vieles wäre noch zu nennen von seinen ehrenamtlichen Aktivitäten bis zur Förderung der Vereine und vor allem des Sports. Seine Leistungen in den langen Jahren seiner Amtszeit werden immer an ihn erinnern.

Verehrter Altbürgermeister, mit Respekt und Hochachtung vor deiner Persönlichkeit und Leistung nehmen wir von dir Abschied. Der Herr über Leben und Tod möge dir den ewigen Frieden schenken. Ruhe in Frieden!

Für eine Lehrerin

Sehr verehrte Trauerversammlung!

Mehr als 30 Jahre ist Frau Hedwig Mender vor den Schülerinnen und Schülern unserer Gemeinde gestanden. Heute stehen wir vor dem offenen Grab und beenden diese ihre letzte Stunde mit einem Rückblick auf ihr Wirken. Ihr Ableben erfüllt uns alle mit tiefer Betroffenheit, dies umso mehr, da Frau Mender nach der Pensionierung noch viele Ehrenämter in zahlreichen Vereinen, insbesondere dem Jugendverein, wahrgenommen hat.

Frau Mender hat all die langen Jahre ihren pädagogischen Auftrag in vorbildlicher Weise erfüllt. Ihr Impetus war die umfassende Bildung des ganzen Menschen. Darunter verstand Frau Mender nicht nur die Vermittlung sachlichen Wissens beziehungsweise von streng formalisierten Informationen, die im Zeitalter der Computertechnologie den Charakter von Ja-/Nein-Optionen haben, im Gegenteil – ihr Anliegen war darüber hinaus die Kommunikation von Inhalten, die unterschiedlich aufgefasst werden konnten. Die Schüler sollten lernen, Wissen nicht nur zu reproduzieren, sondern Lebenswelten zu beurteilen. Aus ihrem Mund erreichte ihre Schülerinnen und Schüler manches Wort, das sie in ihrem Leben nicht mehr vergessen werden, das als Sprachbild im Gedächtnis haften bleibt. Wenn viele von ihren Schülerinnen und Schülern heute an ihrem Grabe stehen, so ist das als ein Zeichen des Dankes für eine Lehrerin zu werten, die einem Know-how für das Leben und nicht nur für die Schule vermittelte.

Ihr Blick war immer über die begrenzte Welt der Schule hinaus gerichtet. Der große englische Dramatiker Bernhard Shaw schrieb einmal: »Das Leben macht alle Menschen gleich, der Tod hebt den hervorragendsten empor.« Unsere liebe Frau Lehrerin war uns in ihrem irdischen Leben ein Vorbild. Darum wird sie es auch dann noch sein, wenn der Efeu die Grabstätte umrankt. So wollen wir Abschied nehmen von einer Frau, die uns Lehrerin und Freundin zugleich war. Im Namen der Gemeinde Vorderstadt und aller Trauergäste lege ich diesen Kranz an ihrer letzten Ruhestätte nieder.

Volksweisheiten

Abschiednehmen ist immer ein Stück Tod.

Aller Menschen harrt der Tod; und keinen gibt's auf Erden, der untrüglich weiß, ob ihn der nächste Morgen noch am Leben trifft.

Das Leben besteht aus Leid und Not, der Tod aus Frieden und Freude.

Der ewige Frieden ist auf dem Kirchhof.

Der Tod ist Bestandteil des Lebens.

Der Tod ist gerecht, er kommt zu jedem, auch wenn er uns unwillkommen ist.

Der Tod interessiert sich nicht dafür, ob ich bereit bin oder nicht.

Ich habe keine Macht über den Tod, ob ich an ihn denke oder nicht. Die Natur hat die Unsterblichkeit nicht eingeplant.

An den Tod denken, ist der Weg zur Weisheit.

Dem Tod kann niemand entlaufen.

Der Tod hat noch keinen vergessen.

Der Tod fragt nicht, ob die Leute fertig sind, er nimmt den Greis und auch das Kind.

Der Tod bezahlt alle Schulden.

Der Tod und Teufel nimmt kein Geld, das ist das Beste auf der Welt, sonst müsste mancher arm' Gesell für einen Reichen in die Höll'.

Dem Tod ist alles gleich, der Arme wie der Reiche.

Der Tod lässt sich nicht mit Geld abweisen.

Niemand weiß, wo und wie und was für ein Tod ihm beschert ist.

Der Tod würgt alle gleich, wie er sie findet, arm und reich.

Über des Todes Klingen muss ein jeder selber springen.

Der fürchtet den Tod nicht, der jede Stunde dazu bereit ist.

Der Tod allein kann die Hoffnung töten.

Der Tod begegnet uns überall.

Der Tod des Guten ist ein Siegen, der Tod des Bösen ein Erliegen.

Wenn der Tod auf der Zunge sitzt, helfen Doktor und Apotheker nichts.

Volksweisheiten

Der Tod heilt alle Leiden.

Der Tod hört nicht auf unsere Klagen, er fasst, wen er will, beim Kragen.

Der Tod kommt als ein Dieb und scheidet Leid und Lieb'.

Der Tod hat kein Gesetz.

Der Tod kommt stets zur ungelegenen Zeit.

Der Tod kommt unangemeldet.

Der Tod ist gewiss, doch ungewiss die Stunde.

Der Tod ist nicht für schlimm zu achten, dem ein gutes Leben vorangegangen.

Der Tod ist des Lebens Krone.

Der Tod ist die Tür zur ewigen Wohnung.

Der Tod ist ein Becher, den alle leeren müssen.

Der Tod lässt sich durch Bitten nicht abweisen.

Der Tod legt seine Axt auch an die stärksten Eichen.

Der Tod tut keinen Fehlgriff. Wen er haben will, den weiß er zu finden.

Der Tod weicht nicht von der Hand, es sei zu Wasser oder Land.

Des Todes Pfeile schießen durch alle Mauern.

Die Toten öffnen den Lebenden die Augen.

Ein ehrlicher Tod ist unsterblich, er ist ewig Leben.

Der Tod schüttelt auch unzeitige Äpfel.

Es ist nichts gewisser als der Tod und nichts ungewisser als die Stunde.

Man geht dem Tode entgegen, flieht man ihn auch auf allen Wegen.

Mit dem Tode hört nicht alles auf. Nach dem Tod kommt Lob.

Schnell reitet der Tod.

Schreiend kommen wir zur Welt, schweigend gehn wir aus ihr.

Tod! Eine Welt von Schmerzen liegt in diesem Worte.

Warm ist das Leben, kalt ist der Tod.

Wenn du den Tod in der Hand hast, kann er dich nicht holen.

Auswahl von Trauerreden für berühmte Persönlichkeiten

Abschiedsrede für Ödön von Horváth von Carl Zuckmayer

Verehrte Trauernde!

Wir stehen arm und ratlos an diesem Grabe, und es ist, als müsse jedes Wort versagen vor einem Schicksal, das die starre, blicklose, schweigend unerbittliche Maske zeigt – vor einem Unglück, das ohne Sinn erscheint und aus dem blinden, blindwütigen Zufall geboren. Unser Schmerz möchte sich auflehnen, die Fäuste schütteln, anrennen wider jene höhere Gewalt, die außer Schuld und Sühne, außer Gesetz und Verantwortung steht – und doch müssen wir uns beugen vor der Wucht und Mahnung des Unabänderlichen – vor der unteilbaren Gewalt von Leben und Tod, Sinn und Widersinn, Geist und Vernichtung.

Tipp **Die Rede eignet sich als Anregung für eine Trauerrede zu einem unerwarteten Todesfall, vor allem wenn der Verstorbene im kulturell-künstlerischen Bereich tätig gewesen ist.**

Der Freund – der Mann, von dem wir Abschied nehmen, fand einmal die Antwort auf die furchtbarste Frage, die sich von Menschenlippen und aus Menschenherzen hebt: die Frage nach Gottes Güte. Sie wurde ihm von einem Kind gestellt – vor einem Jahr, als wir noch zusammen in Österreich lebten. Wir gingen an einem Bauernhof vorbei, dessen Bewohner zu den besten und bestgesinnten Menschen des Ortes gehörten und die durch eine Kette grausamer Schicksalsstreiche und Unglücksfälle nahezu vernichtet worden waren. Das Kind fragte plötzlich: »Warum lässt Gott zu, dass diesen Leuten alles das passiert – und so viel Schlechte und Böse laufen herum und bleiben ungestraft? Und wenn er es zulässt – warum sagt man dann, er sei gut?« Ödön gab darauf die einzige Anwort, die vielleicht einem Kinde fasslich sein mag – und auch die Theologie aller Zeiten kennt keine bessere: »Man kann nicht wissen, was Gott mit den Menschen vorhat.« In dieser Antwort liegt kein Verzicht und kein Verzagen, aber eine tiefe, ahnungsvolle Bescheidung und eine große, mutige Glaubenskraft.

Du Freund, der uns so grausam weggerissen wurde, den wir verloren haben – du lieber und sehr geliebter, nie verlierbarer und unvergesslicher Mensch: Was hatte Gott mit dir vor? Mit deinem Erscheinen. Deinem Aufleuchten auf unserm fahlen Stern, mit dieser blitzenden Sekunde in den dunklen Fluten der Ewigkeit, mit diesem jäh herabstürzenden Ende, das eine Fülle von Hoffnungen begrub? Und wie sollen wir begreifen, dass es von dir nun in der Vergangenheit zu reden gilt und dass du nicht mehr teil hast an dem, was wir »das Leben« nennen, weil unser Blick nicht darüber hinaus reicht?

Ich weiß, es ist nicht dein Wille und nicht in deinem Sinn, und es wäre nicht würdig vor der stummen Majestät des Endgültigen, wollte man Weihrauch streuen, große Worte machen und den falschen Trost der Gloriole weben. Du wusstest dich einem Orden eingeschworen, der der strengste und nüchternste dieser Erde ist und nur ein unbrechbares Gelübde kennt: das der Wahrheit. Ihr hast du mit deinen besten Kräften und mit so viel glückhafter Begnadung, wie deinem Wesen geschenkt war, dein Leben lang gedient. Du hast jung begonnen und musstest jung enden – und doch stehst du nicht in der Reihe jener früh Vollendeten, von deren Genius du den Mundhauch und das heimliche Schwingenwehen verspürtest. Du durftest dich nicht verschwenden, das Feuer deines Herzens war nicht bestimmt, zu verflackern und rasch zu verglühn.

Alles an dir war Anfang, Anstieg, versprechendes Beginnen. Das Werk, das du uns zurücklässt, war die Skizze, der Entwurf, die geheime Planung zu einem größeren Werke von haftender Schönheit und Bedeutung, das dir zu schaffen nicht mehr erlaubt wurde.

Dein Leben und Hiersein, dein liebenswertes Menschentum, an das uns die Erinnerung begleiten wird, solange wir atmen, war Skizze und Entwurf, war Knospe und Wurzel zu einem edlen, starken und brüderlichen Leben, dessen Entfaltung noch vor dir lag.

Dein innerstes Wesen war: Tapferkeit und Bereitschaft – jene echte und schmucklose Tapferkeit des Herzens, die sich nicht brüstet, die leise und nobel bleibt, deren Licht und Waffe »Humor« heißt und deren Sieg die Güte ist. Dein Lachen, dein Witz, deine kindhaft unbändige und doch vom heimlichen Wissen beschattete Freude am Skurrilen, am Verwirrenden, an

Maske und Fratze und am klappernden Würfelspiel des unberechenbaren Vorfalls – all das band sich und verwob sich mit dem schönen und zarten Gespinst deiner verklungenen Lebenstage – und du erschienest uns oft wie ein zeitloser Spaziergänger oder ein Ruhender auf einer Bank, der das Vorüberziehende und Vorbeieilende staunend betrachtet – begierig, es zu erkennen und doch stets in leiser und wägender Distanz – verträumt und scharfsichtig zugleich – ein Fremder, ein Beurlaubter auf unserer Erde, vielleicht ein Vorposten aus einer besseren und reineren Welt – und doch mit aller Nähe und Kleinheit dieser Erdgestalt aufs Innigste vertraut.

Ja, dem Kleinen und Kleinsten gehörte deine besondere Art von Liebe – den Anonymen – denen, die »Masse« sind und Masse bilden, ohne es zu wissen und ohne sich zu bekennen – und die doch in der steten und unbegriffenen Sehnsucht leben, Mensch zu werden und eines edleren Menschentums teilhaftig zu sein. Du hast ihre Sprache verstanden, du hast oft die Seelenlosigkeit ihrer Zufallsworte enthüllt, und doch erspürtest du dahinter die geheimen Herztöne der Unerlöstheit, der Not, der Trauer, der Hoffnung aller Kreatur. Und aus der schmucklosen, der unverblümten Sprache des dumpfsten, des zeitgebundenen Alltags erwuchs dir ein ganz persönliches und neu geartetes, ein zartes und kraftvolles Dichtertum.

Das große Versprechen in deinem Schaffen war nicht so sehr sein Inhalt, seine direkte Aussage – als jene seltsam feinhörige Sprachform – jener gedichthafte, liedhafte Klang, der ganz dein Eigen war und der einer großzügigen, vornehmen und – dies sei betont – im tiefsten Sinne frommen Geistes- und Herzenshaltung entsprach.

Alles war Anfang, alles war Plan und Beginn. Wer in den letzten Jahren, den letzten Monaten der von Katastrophen und Untergängen bedrängten Zeit mit Ödön von Horváth lebte, der weiß um dieses Keimende und Werdende, um den Ernst dieses Strebens und Suchens, dem alles, was geschah, und gerade das Bittere und Vernichtende, zur besseren Sicht und Einsicht, zur Klärung und zur Erkenntnis dienen musste.

Wir haben gemeinsam die Nacht erlebt, in der Österreich unterging, und wir haben uns in dieser Nacht zum letzten Mal die Hand gedrückt, bevor es uns auseinander wehte. Dann haben wir dich erwartet – aber du bist nicht mehr gekommen. Und jetzt stehen wir an deinem Grab, über dem keine Salve knattert – an einem Totenbett, das ohne heldisches Gepränge ist – und unserm Abschied von dir bleibe jedes hohle Pathos fern und jede respektlose und gemeine Anbiederung mit den Gewalten, deren unerbittliche Größe, deren unnahbare Ferne und Heiligkeit du voll Scheu und Schauer erkannt hast.

Und wenn dein Tod ein noch so grausamer Beilhieb war und noch so unbegreifliches Zeugnis ablegte von der furchtbaren Verkettung des Menschen in das Vorbestimmte und Unverhütbare – so geschah er doch inmitten der Freiheit, die du liebtest – inmitten der weiten und freien Atemzüge eines lebendigen, eines menschenwürdigen, eines starken und kämpferischen Daseins.

Er riss dich weg, er trennte dich ab von uns Lebenden – aber er ließ die reine Essenz, den bleibenden Niederschlag deines Wesens unberührt. Das aber verschmilzt sich mit alledem, was unberührbar bleibt von den zerstörenden Mächten, von Neid, Hass, Unterdrückung und Niedrigkeit, und worin sich die Ahnung von einer schöneren und reineren Menschlichkeit immer wieder auf Erden darstellt. Und so betrachtet, so gewusst, verliert auch der Tod seine Schrecken und zeigt uns eine Stirn von stiller, edler und verklärender Majestät. So betrachtet, ist der Tod nur ein Übergang und eine Verwandlung, die das wahrhaft Lebendige ewig bewahrt – ja, vielleicht ist er wirklich, wie ein Dichter ihn nannte: die mildeste Form des Lebens.

Du lieber und geliebter Freund, du treuer und brüderlicher Mensch. Wenn wir jetzt Abschied nehmen von dir, so ehren wir dein Wesen und Wirken damit, dass wir hier nicht nur deiner allein gedenken, sondern der Tausenden, die unter den sinnlosen Streichen der Gewalt und des Unheils täglich dahinsinken und noch dahinsinken werden – all der »viel hunderttausend Ungezählt – was unter die Sichel fällt« – der Ungezählten auch, die verurteilt bleiben zum Leben in ungeliebten Ländern oder einer entstellten, verlorenen Heimat – derer, die den Frieden wollen und deren Los aufgezwungener Krieg ist – all derer, denen dein Herz und deine Freundschaft gehörte und denen dein Werk Hilfe und Halt werden sollte.

Du bist nun sehr weit weg vom Gewimmel und Gewirr unseres Lebens – und doch mit seinem Ursprung ganz nahe und fest verbunden – und dein inneres Auge, das der Unsterblichkeit gehört, schaut nun vielleicht einen

Teil von jener einen und einzigen Kraft, die gesetzgeberisch unser Leben und unsere Treue fordert: der Wahrheit.

Wir, die wir zurückbleiben und weiterleben, erneuern vor deinem stummen Angesicht unser Gelübde, das am Anfang jeden Kunstschaffens und am Ende jeder Prüfung steht: der Wahrheit zu dienen. Mag sie auch heute weit verbannt sein und kaum noch ein glimmendes Licht in einer großen Finsternis – so wird doch Menschenatem nicht aufhören, es wieder und wieder zu entfachen – dem Tag entgegen – dem Tag einer zukünftigen, einer freien und edleren Welt.

Trauerrede für Ludwig van Beethoven von Franz Grillparzer

... der letzte Meister des tönenden Liedes, der Tonkunst holder Mund, der Erbe und Erweiterer von Händels und Bachs, von Haydns und Mozarts unsterblichem Ruhme hat ausgelebt und wir stehen weinend an den zerrissenen Saiten des verklungenen Spiels.

Des verklungenen Spiels! Lasst es mich so nennen! Denn ein Künstler war er, und was er war, war er nur durch die Kunst. Des Lebens Stacheln hatten ihn tief verwundet, und wie der Schiffbrüchige das Ufer umklammert, so floh er in deinen Arm, o du des Guten und Wahren gleich herrliche Schwester, des Leides Trösterin, von oben stammende Kunst! Fest hielt er an dir, und selbst als die Pforte geschlossen war, durch die du eingetreten bei ihm und sprachst zu ihm; als er blind geworden war für deine Züge, durch sein taubes Ohr, trug er immer noch dein Bild im Herzen, und als er starb, lag's noch auf seiner Brust.

Ein Künstler war er, und wer steht auf neben ihm? Wie der Behemoth die Meere durchstürmt, durchflog er die Grenzen seiner Kunst. Vom Girren der Taube bis zum Rollen des Donners, von der spitzfindigsten Verwebung ei-

gensinniger Kunstmittel bis zu dem furchtbaren Punkte, wo das Gebildete übergeht in die regellose Willkür streitender Naturgewalten, alles hatte er durchmessen, alles erfasst. Der nach ihm kommt, wird nicht fortsetzen, er wird anfangen müssen, denn sein Vorgänger hörte nur auf, wo die Kunst aufhört. Adelaide und Leonore! Feier der Helden von Vittoria! ... Kinder ihr der drei- und viergeteilten Stimmen! Brausende Symphonie! »Freude schöner Götterfunken«, du Schwanengesang! Muse des Liedes und des Saitenspiels! Stellt euch rings um sein Grab, und bestreut's mit Lorbeern.

Ein Künstler war er, aber auch ein Mensch. Mensch in des Worts vollkommenster Bedeutung. Weil er von der Welt sich abschloss, nannten sie ihn feindselig, und weil er der Empfindung aus dem Weg ging, gefühllos. ... Gerade das Übermaß der Empfindung weicht der Empfindung aus! – Wenn er die Welt floh, so war's, weil er in den Tiefen seines liebenden Gemütes keine Waffe fand, sich ihr zu widersetzen; wenn er sich den Menschen entzog, so geschah's, nachdem er ihnen alles gegeben und nichts zurückempfangen hatte. Er blieb einsam, weil er kein Zweites fand. – Aber bis zum Tode bewahrte er ein menschliches Herz allen Menschen, ein väterliches dem Seinen, Gut und Blut aller Welt!

Tipp

Die Rede eignet sich als Fundgrube für Musik-, Gesangvereine bzw. für Menschen, die im musikalischen Bereich tätig gewesen sind – wie z. B. Musiklehrer.

So war er, so starb er, so wird er leben für alle Zeiten. Ihr aber, die ihr unserm Geleite gefolgt bis hieher, gebietet eurem Schmerz! Nicht verloren habt ihr ihn, ihr habt ihn gewonnen. Erst wenn die Pforte des Lebens hinter uns sich schließt, springen auf die Pforten zum Tempel der Unsterblichkeit. Dort steht er nun bei den Großen aller Zeit, unantastbar, für immer. Darum scheidet, trauernd, aber gefasst von seiner Ruhestätte, und wenn euch je im Leben wie der kommende Sturm die Gewalt seiner Schöpfungen übermannt, wenn eure Tränen fließen in der Mitte eines jetzt noch ungeborenen Geschlechts, so erinnert euch dieser Stunde und denkt: Wir waren dabei, als sie ihn begruben, und als er starb, haben wir geweint.

Rede am Grabe von Beethoven bei der Enthüllung des Gedenksteines

Sechs Monden sind's, da standen wir hier an demselben; klagend, weinend: denn wir begruben einen Freund! Nun wir wieder versammelt sind, lasst uns gefasst sein und mutig: denn wir feiern einen Sieger. Hinabgetragen hat ihn der Strom des Vergänglichen in der Ewigkeit unbesegeltes Meer. Ausgezogen was sterblich war, glänzt er ein Sternbild am Himmel der Nacht. Er gehört von nun an der Geschichte. Nicht von ihm sei unsre Rede, sondern von uns. Wir haben einen Stein setzen lassen. Etwa ihm zum Denkmal? Uns zum Wahrzeichen. ... Einfach ist der Stein, wie er selbst war im Leben. Nicht groß; und je größer, umso spöttischer wäre ja doch der Abstand gegen des Mannes Wert. Der Name Beethoven steht darauf, und somit der herrlichste Wappenschild, purpurner Herzogsmantel zugleich und Fürstenhut. Oh des warmen Mantels, des königlichen Hutes! Somit wäre erfüllt die letzte Pflicht. Und somit nehmen wir auf immer Abschied von dem Menschen, der gewesen, und treten an die Erbschaft des Geistes, der ist und bleiben wird.

... Ihr, die ihr versammelt seid an der Stätte, tretet näher an dies Grab. Heftet eure Blicke auf den Grund, richtet alle eure Sinne gesammt auf das, was euch wissend ist von diesem Mann, und so lasst, wie die Fröste dieser späten Jahreszeit, die Schauder der Sammlung ziehen durch euer Gebein, wie ein Fieber tragt es heim in euer Haus, wie ein wohltätiges, rettendes Fieber, und hegt's und bewahrt's.

Selten sind die Augenblicke der Begeisterung in dieser geistesarmen Zeit. Heiligt euch! Der hier liegt, war ein Begeisterter. Nach einem trachtend, um eines sorgend, für eines duldend, alles hingebend für eines, so ging dieser Mann durch das Leben. Nicht Gattin hat er gekannt noch Kind, kaum Freunde, wenig Genuss. Ärgerte ihn ein Auge, er riss es aus, und ging fort, fort, fort bis ans Ziel. Wenn noch Sinn für Ganzheit in uns ist in dieser zerstückelten Zeit, so lasst uns sammeln an seinem Grab. Drum sind von jeher Dichter gewesen und Helden, Sänger und Gotterleuchtete, dass an ihnen die armen, zerrütteten Menschen sich aufrichten, ihres Ursprunges gedenken und ihres Ziels.

Gedächtnisrede für Voltaire von Friedrich II.

Anfang: *Meine Herren! In allen Zeiten, besonders bei den geistvollsten und gebildetsten Völkern sind Männer von hoher und seltner Begabung schon während ihres Lebens geehrt worden, noch mehr aber nach ihrem Tode. Man betrachtete sie wie Phänomene, die ihren Glanz über ihr Vaterland verbreiteten. Die ersten Gesetzgeber, die die Menschen lehrten, in Gesellschaft zu leben, die ersten Helden, die ihre Mitbürger verteidigten, die Philosophen, die in die Abgründe der Natur hinabdrangen und einige Wahrheiten entdeckten, die Dichter, die die Großtaten ihrer Zeitgenossen der Nachwelt überlieferten, sie alle wurden wie höhere Wesen angesehen ...*

> Tipp
> **Auszüge hieraus lassen sich für Anfang und Ende einer Rede verwenden.**

Schluss: *Vor dieser so merkwürdigen und hoch geschätzten Versammlung, obgleich von unsern Meistern aufgefordert, über den Abgeschiedenen wenige Worte zu sprechen, würde ich wohl haben ablehnen dürfen, in der Betrachtung, dass nicht eine flüchtige Stunde, leichte unzusammenhängende Blätter, sondern ganze Jahre, ja manche wohl überdachte und geordnete Bände nötig sind, um sein Andenken rühmlich zu feiern, neben dem Monumente, das er sich selbst in seinen Werken und Wirkungen würdig errichtet hat. Auch übernahm ich diese schöne Pflicht nur in der Betrachtung: Es könne das von mir Vorgetragene dem zur Einleitung dienen, was künftig, bei wiederholter Feier seines Andenkens, von andern besser zu leisten wäre. Wird es unsern verehrten Meistern gefallen, mit diesem Aufsatz in ihre Lade dasjenige niederzulegen, was öffentlich über unsern Freund erscheinen wird, noch mehr aber dasjenige, was unsere Brüder, auf die er am meisten und am eigensten gewirkt, welche eines ununterbrochenen nähern Umgangs mit ihm genossen, vertraulich äußern und mitteilen möchten, so würde hiedurch ein Schatz von Tatsachen, Nachrichten und Urteilen gesammelt, welcher wohl einzig in seiner Art sein dürfte, und woraus denn unsere Nachkommen schöpfen könnten, um mit standhafter Neigung ein so würdiges Andenken immerfort zu beschützen, zu erhalten und zu verklären.*

Gedenkrede für Jean Paul von Ludwig Börne

Anfang: *Der Himmel schenkte ihm seine Gunst; das Glück stürzte gut gelaunt sein Füllhorn um und überschüttete ihn mit Blumen und Früchten; die Erde gab ihm ihre verborgenen Schätze. Er sah und zeigte sie gerne! Doch was der Neid der Mitlebenden belächelt, darüber lachen froh die Erben. Gold bleibt Gold, auch in der Erzstufe, nur von wenigen erkannt, und die Fassung der Edelsteine erhöht ihren Preis, nicht ihren Wert.*

Ein Stern ist untergegangen, und das Auge dieses Jahrhunderts wird sich schließen, bevor er wieder erscheint; denn in weiten Bahnen zieht der leuchtende Genius, und erst späte Enkel heißen freudig willkommen, von dem trauernde Väter einst weinend geschieden. ...

Tipp **Die Texte eignen sich sehr gut für Anfang und Schluss einer Rede.**

Schluss: *Wir wollen trauern um ihn, den wir verloren, und um die andern, die ihn nicht verloren. Nicht allen hat er gelebt! Aber eine Zeit wird kommen, da wird er allen geboren und alle werden ihn beweinen.*

Wir hatten Jean Paul, und wir haben ihn nicht mehr, und in ihm verloren wir, was wir nur in ihm besaßen: Kraft und Milde und Glauben und heitern Scherz und entfesselte Rede. Das ist der Stern, der untergegangen: der himmlische Glaube, der in dem Erloschenen uns leuchtet. Das ist die Krone, die herabgefallen: die Krone der Liebe, die den beherrschte, der sie getragen, wie alle, die ihm untertan gewesen.

So war Jean Paul! – Fragt ihr: wo er geboren, wo er gelebt, wo seine Asche ruhe? Vom Himmel ist er gekommen, auf der Erde hat er gewohnt, unser Herz ist sein Grab. Wollt ihr hören von den Tagen seiner Kindheit, von den Träumen seiner Jugend, von seinen männlichen Jahren? ...

Der Geist ist entschwunden, das Wort ist geblieben! Er ist zurückgekehrt in seine Heimat; und in welchem Himmel er auch wandere, auf welchem Sterne er auch wohne, er wird in seiner Verklärung seine traute Erde nicht vergessen, nicht seine lieben Menschen, die mit ihm gespielt und geweint und geliebt und geduldet wie er.

Wie Sie Traueranzeigen und Danksagungen gestalten

Eine Todes- bzw. Traueranzeige soll eine respektvolle Würdigung der verstorbenen Person sein und die Trauer der Hinterbliebenen in angemessener Form ausdrücken. Wenn Sie ein Bestattungsunternehmen beauftragt haben, werden Sie dort entsprechende Vorlagen und Hilfe für die Gestaltung der Anzeige finden. Trotzdem sollten Sie, wenn möglich, eine persönliche Formulierung bevorzugen.

In der Anzeige werden gewöhnlich Daten zu der verstorbenen Person, zu Trauerfeier und Beerdigung mitgeteilt. Selbstverständlich bleibt Ihnen überlassen, welche Angaben Sie – auch im Sinne der verstorbenen Person – bekannt geben wollen. Wenn die Beerdigung beispielsweise nur im engsten Familienkreis stattfindet, können Sie danach eine Traueranzeige mit einem entsprechenden Hinweis aufgeben. Oft wird statt der üblichen Blumen und Kränze um eine Geldspende für einen wohltätigen Zweck gebeten. Geben Sie dann in der Anzeige eine Kontoverbindung an. Auch die Bitte, von Beileidsbezeugungen am Grab abzusehen, sollten Sie nicht vergessen, falls Sie das nicht wünschen.

Die wichtigsten Angaben

- *Vollständiger Name der verstorbenen Person*
- *Geburts- und Sterbedatum*
- *Namen der Hinterbliebenen bzw. des Auftraggebers der Anzeige*
- *Adresse für Beileidsbekundungen*
- *Datum, Ort und Zeitpunkt der Trauerfeier/Bestattung*

Eine Anzeige wird häufig mit einem Glaubenssymbol versehen, wie beispielsweise einem Kreuz. Zudem können Sie ein Zitat oder eine Bibelstelle an den Anfang stellen. Die Anzeige als Danksagung kann einfach und kurz abgefasst sein. Oft werden jedoch alle genannt, die an der Ausrichtung und Durchführung von Trauerfeier und Beerdigung beteiligt waren. Natürlich haben Sie neben der Anzeige auch die Möglichkeit, sich mit einer Karte oder einem Brief persönlich bei den Trauergästen zu bedanken.

Die folgenden Beispiele sollen Ihnen zeigen, wie Anzeigen aussehen und wie sie formuliert werden können. Sie sind als Grundlage für Ihren eigenen individuellen Stil gedacht. Im Anhang finden Sie noch eine Vielzahl verschiedener Formulierungen, die Ihnen dabei behilflich sein sollen.

Anzeigen im Trauerfall

Ich bin die Auferstehung und das Leben,
wer an mich glaubt, wird ewig leben,
auch wenn er stirbt. (Joh. 11,25)

Unfassbar, rasch und unvorhergesehen, verstarb unsere liebe Gattin,
Mutter und Schwiegermutter

Walburga Schäfer

* 22. 9. 1952 † 18. 4. 2000

In tiefer Trauer:
Otto Schäfer
Sybille Gruber geb. Schäfer und **Rudolf Gruber**
Rainer Schäfer mit Familie

Ahrensberg, 20. 4. 2000

Der Trauergottesdienst mit anschließender Beerdigung
findet am Mittwoch, den 26. 4. 2000, um 11.00 Uhr
in der Pfarrkirche St. Michael statt.

Wir denken voll Liebe und Dankbarkeit an ihn.

THOMAS BERGER

Anstätten, den 5. 2. 2000
In stiller Trauer
Denise Berger mit Familie
im Namen aller Angehörigen

Die Trauerfeier zur Einäscherung findet am 9. 2. 2000
in der Kirche St. Blasius statt.

Unser »Ein und Alles«, unsere über alles geliebte Mutter,
Oma und Uroma

Margaretha Seiler

hat uns am 12. Juni 2000 für immer verlassen.
Wenden, den 14. Juni 2000

In stiller Trauer:
Die Angehörigen

Den Sterbegottesdienst feiern wir am 16. Juli 2000, um 11.00 Uhr in der Friedhofskapelle Wenden. Anschließend betten wir unsere Margaretha zur letzten Ruhe.
Von Beileidsbezeugungen am Grabe bitten wir abzusehen.

Durch einen tragischen Unfall verloren wir unseren lieben Mann,
Vater und Bruder

Sebastian Nader

* 11. 2. 1955 † 17. 5. 2000

In Liebe und Dankbarkeit nehmen wir Abschied:

Elfriede Nader
Thomas und Irmgard Nader
Reinhold Nader mit Familie
im Namen aller Angehörigen

Der Trauergottesdienst mit anschließender Beerdigung findet am Montag, den 22. 5. 2000, um 8.00 Uhr im Nordfriedhof Leinen statt.
Von Beileidsbezeugungen am Grabe bitten wir abzusehen.

In Dankbarkeit für seine Liebe, Treue und Fürsorge
nehmen wir Abschied von

Martin Anzhofer

Geroldsberg, den 26. 5. 2000

In stiller Trauer:
Die Angehörigen

Der Trauergottesdienst findet am 31. 5. 2000 um 11.00 Uhr
in der Kirche St. Stephan statt, die Trauerfeier um 15.00 Uhr
auf dem Friedhof Geroldsberg.

Nach einem erfüllten Leben wurde

Sabine Wolf

von Gott, dem Herrn, in die Ewigkeit gerufen.
Seebergen, den 10. 4. 2000

In Liebe und Dankbarkeit:
Holger Behrens

Die Beerdigung findet am am 14. 4. 2000, um 10.00 Uhr
auf dem Friedhof Seebergen statt.

Wir trauern um

Rüdiger Petzold

Wagenburg, 11. Februar 2000

Familie Petzold

Seinem Wunsche entsprechend haben wir in
aller Stille im Familien- und Freundeskreis
Abschied genommen.

Es war ein langer Abschied.
Wir trauern um unsere Mutter, Schwiegermutter,
Oma und Schwester

ELEONORE RITTER

*** 27. 10. 1930 † 26. 6. 2000**

In Liebe und Dankbarkeit

Der Trauergottesdienst mit anschließender Beerdigung findet am 30. 6. 2000 um 14.00 Uhr in der Pfarrkirche St. Georg in Bernheim statt.
Von Beileidsbezeugungen bitten wir abzusehen.

Unser allseits geschätzter Abteilungsleiter

KARL WAGNER

ging heute für immer von uns.

Wir verlieren einen Menschen mit sozialer Kompetenz, Sachverstand und Weitblick. Die entstandene Lücke werden wir durch unseren Einsatz in seinem Sinne auszufüllen versuchen und ihm damit unsere Verbundenheit beweisen.

Die Mitarbeiter der Perger AG

Unerwartet verloren wir unseren Seniorchef

Alfred Schmid

der im Alter von 69 Jahren – voll von Plänen und Projekten – Abschied genommen hat. Der Motor des Unternehmens steht still. Seine Kreativität und Ideen werden fortleben.
Wir werden unsere ganze Kraft einbringen, um den Motor Unternehmen am Laufen zu halten und ihn in seiner vorgegebenen Richtung steuern.

Geschäftsführung und Mitarbeiter

Bernstein GmbH

Anzeigen für Danksagungen

HERZLICHEN DANK

sagen wir allen, die unseren lieben Verstorbenen

Franz Kaiser

so zahlreich auf seinem letzten Weg begleitet haben, ihn durch Mess-, Kranz- und Blumenspenden ehrten und uns ihre Anteilnahme in Wort und Schrift bekundeten:

Herrn Pfarrer Siegfried Renz für die würdevolle Gestaltung des Gottesdienstes und der Beerdigung, dem Messner, den Ministranten, dem Organisten und den Rosenkranzbetern,
der Freiwilligen Feuerwehr, dem Krieger- und Soldatenverein sowie den Fahnenabordnungen und den Arbeitskollegen für die ehrenvollen Nachrufe und Kranzniederlegungen,
den Ärzten und dem Pflegepersonal des Krankenhauses Langen für die liebevolle Betreuung meines Mannes und
allen anderen, die uns durch ihre Hilfe und Anteilnahme beigestanden haben.

Langen, den 6. Juli 2000

In stiller Trauer
Die Angehörigen

Herzlichen Dank
sagen wir allen Verwandten und Bekannten,
die unsere liebe Verstorbene

Frau Senta Lohner

auf dem letzten Weg begleitet haben, das Grab mit Blumen schmückten und uns ihr Mitgefühl in Wort und Schrift zum Ausdruck brachten.

Unser besonderer Dank gilt Herrn Pastor Herbert Gerber für die so würdige Gestaltung des Trauergottesdienstes sowie dem Organisten Herrn Luitpold Fink, dem Kirchenchor und den Ministranten.
Des Weiteren danken wir dem Pflegepersonal des Alten- und Pflegeheimes für die liebe- und würdevolle Betreuung bis zur letzten Stunde.

Meerberg, den 25. Mai 2000

In stiller Trauer
Die Angehörigen

Silke Büchner

Lankenstein,
den 12. Januar 2000

DANKE

für jedes tröstende Wort,
jeden Händedruck und jede Umarmung,
wenn auch die Worte fehlten,
für die einfühlsamen Worte
von Herrn Pfarrer Bernd Lübkes,
danke dem Kirchenchor und Organisten,
allen Verwandten, Schulkameraden,
Freunden, Bekannten, Nachbarn und allen,
die ihr das letzte Geleit gaben,
für alle Blumen, Kränze und
Zuwendungen zum späteren Grabschmuck.

Familie Büchner

DANKE

für all die guten und tröstenden Worte,
für den Händedruck und die stumme Umarmung,
wo Worte nicht reichten,
Herrn Pfarrer Ferdinand Maier,
Frau Sabine Gerold vom Musikverein Gerensberg,
allen Verwandten, Freunden, Bekannten, Nachbarn und ehemaligen Kollegen für die Anteilnahme in Schrift und Wort
sowie für den Blumenschmuck und die Kranzspenden.

Gerensberg, Mai 2000

In unseren Herzen lebt er weiter
Familie List

Für die vielen Beweise aufrichtiger Anteilnahme beim Heimgang meines lieben Mannes

Theodor Peters

die mir ein großer Trost gewesen sind, sage ich auf diesem Weg meinen herzlichsten Dank.

Liselotte Peters
mit Gertrud und Franz

Mehrendorf, Februar 2000

Herzlichen Dank

sagen wir allen Verwandten, Bekannten, Freunden, Nachbarn und Arbeitskameraden, die unserem lieben Verstorbenen das letzte Geleit gaben, ihn durch Kranz-, Mess- und Blumenspenden ehrten und uns ihr Mitgefühl in Wort, Schrift und im Gebet zum Ausdruck brachten.
»Vergelt's Gott« Herrn Pfarrer Hubert Pfeiffer für seine trostreichen Worte, dem Kirchenchor, der Bläsergruppe und dem Organisten Ruppert Becher für die virtuose musikalische Ausgestaltung des Trauergottesdienstes.
Besonderer Dank gebührt Herrn Bürgermeister Wolfgang Müller, ferner Herrn Friedrich Dietrich des FC Welten und Frau Gabriele Tehrens des Kirchenchors für die ehrenden Nachrufe.
Unser Dank gilt ebenso der Musikkapelle, die zusammen mit dem Kirchenchor die Beisetzung in würdevoller Weise musikalisch gestaltete.

Erwin Winkelmann

Gattin Meike
im Namen aller Angehörigen

Statt Karten

Herzlichen Dank

sagen wir allen, die unsere liebe Verstorbene

NADJA HEINER

auf ihrem letzten Weg begleitet haben, sie durch Blumenspenden ehrten und uns ihre Anteilnahme in Wort und Schrift bekundeten.

Meierbergen, Juli 2000

In stiller Trauer:

Die Angehörigen

Herzlichen Dank

sagen wir Verwandten, Freunden, Bekannten, Nachbarn und Vereinen, die unseren lieben Verstorbenen

Herbert Weiß

auf seinem letzten Weg begleiteten.

Unser besonderer Dank gilt

- Herrn Pfarrer Christoph Maiers
- dem Pflegeheim Sankt Anna
- allen, die ihr Mitgefühl in Wort und Schrift, mit Kranz- und Blumenspenden ausgedrückt haben.

Friedernbergen, Mai 2000

Hedwig Weiß mit Familie

Kein Mensch kann den anderen von seinem Leid befreien,
aber er kann ihm Mut machen, das Leid zu ertragen.
Herzlichen Dank
sagen wir allen, die mit uns gemeinsam Abschied von

Brigitte Amberg

nahmen, insbesondere Herrn Pfarrer Seger für die würdevolle und persönliche Gestaltung der Trauerfeier.

Glewenberg, 24. Juli 2000

In Liebe und Dankbarkeit
Die Angehörigen

Wir sind tief bewegt über die große Anteilnahme,
die wir beim Tod meines lieben Mannes

FRANZ WIEGAND

erfahren durften. Danke für die vielen lieben Worte des Trostes, die uns zugesprochen wurden oder schriftlich erreichten, auch für die Mess-, Kranz- und Blumenspenden.
Danke Herrn Stadtpfarrer Elvert für seine Worte des Trostes und dem Kirchenchor für die wundervolle musikalische Gestaltung der Trauerfeier.
Danke allen, die den Toten auf seinem letzten Weg betend begleiteten.

Es war ein Trost zu erfahren, welche Beliebtheit und Wertschätzung er in seinem Leben erlangt hat.

In stiller Trauer
Gundula Wiegand mit Familie

Wie Sie Ihr Beileid schriftlich aussprechen

Heute verzichten viele Menschen auf die Form der schriftlichen Anteilnahme, weil sie Distanz halten und nicht in den intimen Bereich des anderen eindringen wollen, wobei dieses distanzierte Verhalten aus Gründen der Pietät gerechtfertigt wird. Ein anderer und wohl ebenso wichtiger Grund ist, dass viele Menschen nicht wissen, wie ein Kondolenzschreiben verfasst wird, welcher Stil anzuwenden ist und welche Regeln nicht verletzt werden dürfen.

Wenn die verstorbene Person Ihnen persönlich verbunden war, dann müssen Sie unbedingt kondolieren und prüfen, ob nicht auch ein Beileidsbesuch angebracht wäre. Bei einem Todesfall innerhalb der Familie ist ein Beileidsschreiben nur dann erforderlich, wenn das betroffene Familienmitglied nicht an der Beisetzung teilnehmen kann.

Die wichtigste Regel ist, dass die knappste schriftliche Anteilnahme besser sein kann als keine. Denn ein kurzer Brief ist weniger störend als ein deplatzierter Beileidsbesuch. Welche Form der Beileidsbekundung Sie wählen, hängt von der Beziehung ab, die Sie zu der verstorbenen Person hatten. Wenn das Verhältnis sehr eng war, kann ein Kondolenzschreiben einen Beileidsbesuch nicht ersetzen.

Je unpersönlicher der Grad der Beziehung war, desto eher werden Sie Ihr Beileid schriftlich ausdrücken. Bei Geschäftspartnern, Lieferanten und Repräsentanten des öffentlich-beruflichen Bereichs kann ein Beileidsschreiben mitunter die einzige Möglichkeit sein, um dem Verstorbenen die letzte Ehre und den Hinterbliebenen Anteilnahme zu erweisen.

Beileidsschreiben sind ein Teil aktiver Trauerarbeit, sind der mögliche Beginn eines Dialogs, den Sie mit den Hinterbliebenen führen. Sie geben damit ein Signal, dass Sie an die von dem Tod betroffenen Angehörigen denken. Sie machen mit Ihrem Schreiben ein Angebot zum Gespräch, zum Kontakt. Ein Beileidsschreiben setzt ein Zeichen gegen die Gleichgültigkeit und das Vergessen. Mit dem Beileidsschreiben wollen Sie Ihre individuelle Trauer den Angehörigen und Hinterbliebenen übermitteln. Schicken Sie das Schreiben an den Angehörigen bzw. Hinterbliebenen, dem Ihr Mitgefühl gilt.

Hinweise zur inhaltlichen Gestaltung

Zunächst müssen Sie sich darüber klar werden, wer die verstorbene Person war, in welchen Verhältnissen sie lebte und in welcher Beziehung Sie zueinander standen. Bedenken Sie außerdem, unter welchen Umständen die Person ums Leben gekommen ist. Sämtliche Aspekte haben Einfluss auf den Stil und Tonfall Ihres Schreibens. Wenn Sie beispielsweise religiöse Themen ansprechen wollen, sollten Sie sich vorher vergewissern, welchen Bezug die verstorbene Person bzw. die Angehörigen zu einer Religion haben. Wenn Sie seit längerer Zeit mit der verstorbenen Person keinen Kontakt mehr hatten, dann fragen Sie im Zweifelsfall bei Bekannten nach, wie sich die persönlichen Verhältnisse in der Zwischenzeit entwickelt haben. So können Sie Peinlichkeiten ausschließen.

Fragen zur Person

- *Familienleben*
- *Todesumstände*
- *Charaktereigenschaften*
- *Berufliche Verhältnisse*

Je näher Sie der verstorbenen Person bzw. den Hinterbliebenen stehen, desto persönlicher wird Ihr Beileidsschreiben ausfallen. Formulieren Sie, warum Sie sich nahe standen, welche gemeinsamen Erlebnisse Sie hatten und wie Sie diesen Todesfall empfinden. Falls Sie damit kein Tabu verletzen, ist es in manchen Fällen angebracht, auf die Umstände des Todes einzugehen. Drücken Sie Ihr Mitgefühl für die Hinterbliebenen aus und spenden Sie Trost. Bieten Sie Ihre Unterstützung und Hilfe an, allerdings nur, wenn Sie es wirklich ernst meinen.

Im Geschäfts- und Berufsleben sollten außerdem der berufliche Werdegang und die Leistungen mit der gebotenen Zurückhaltung gewürdigt werden. Es soll keine lange Aufzählung aller Verdienste sein, sondern nur die wesentlichen, herausragenden sollten erwähnt werden. Darüber hinaus sollte das Schreiben keine an Übertreibung grenzenden Lobeshymnen enthalten. Das gilt ebenso für Freunde eines Vereins und Personen des öffentlichen Lebens. In diesen Fällen muss auch dem jeweiligen Unternehmen oder der Institution ein Beileidsschreiben zugestellt werden. Wenn zu der Person persönliche Verbindungen bzw. eine Zusammenarbeit des Unternehmens vorliegen, gehen Sie in Ihrem Schreiben darauf ein. Falls aber die Beziehung auch mit Schwierigkeiten bzw. Schattenseiten verbunden war, dann sollten Sie aus Achtung vor dem Verstorbenen außer der Bekundung der Trauer keine weiteren Sachverhalte anführen. Sie sollten Mitgefühl und Anteilnahme ausdrücken, die verstorbene Person würdigen und dabei deren Leistungen herausstellen. Erinnern Sie an Gemeinsamkeiten und gemeinsame Erlebnisse. Sprechen Sie den Angehörigen Trost aus, bieten Sie Ihre Unterstützung an und weisen Sie gegebenenfalls auf Ihren möglichen Besuch hin.

Schreiben Sie mit einfachen, ehrlichen Worten und vermeiden Sie pathetische Floskeln. Die Ehrlichkeit Ihres Anliegens muss dem Empfänger Ihres Schreibens spürbar vermittelt werden. Die Formulierung »Herzliches Beileid« sollten Sie beispielsweise tunlichst vermeiden. Das gilt auch für Standardfloskeln wie »für immer unvergessen« oder »unersetzlich«. Sie erheben den Anspruch der Ausschließlichkeit und sollten durch zurückhaltendere Worte ersetzt werden. Achten Sie darauf, dass Sie Ihrem Schreiben eine persönliche, individuelle Färbung geben. Darauf kommt es vor allem bei der Schlussbemerkung an.

Beispiele

- ***In stiller Trauer***
- ***Mit tiefem Mitgefühl***
- ***In tiefer Verbundenheit***
- ***Wir sind von Trauer erfüllt***

Häufig wird heute auch der Wunsch geäußert, statt Kränzen und Blumen einen Geldbetrag für einen guten Zweck zu spenden. Darauf dürfen Sie im Kondolenzschreiben hinweisen. Wenn Sie die Nachricht vom Tod erfahren haben, dann schicken Sie das Schreiben ab! Zögern Sie nicht, denn echte Betroffenheit, echter Schmerz lässt sich nach Tagen nicht mehr in Worte fassen und simulieren.

Hinweise zur äußeren Form

Die Intensität und die Form der Beziehung entscheidet darüber, ob Sie den Brief mit der Hand oder der Maschine schreiben. Es bleibt Ihrem Empfinden überlassen. Grundsätzlich gilt allerdings, dass Sie an gute Freunde und Bekannte mit der Hand schreiben. Achten Sie auf die Lesbarkeit Ihrer Handschrift. Wenn Sie eine unleserliche Handschrift haben, fertigen Sie das Schreiben besser mit der Maschine an.

Wählen Sie die persönliche Form, verwenden Sie keine vorgedruckten Karten oder Geschäftspapier. Suchen Sie ein Kuvert mit Fütterung und ohne Fenster aus. Die Farbe und Qualität des Papiers sollte dem Anlass angemessen sein. Nehmen Sie keine auffallend grellen Farben oder ein einfaches weißes Papier, das Sie jeden Tag benutzen. Die äußere Form des Schreibens zeugt von Ihrem Stil und der Wertschätzung, die Sie der verstorbenen Person und den Hinterbliebenen entgegenbringen. Vor allem Betriebe und Unternehmen sollten darauf achten, dass der Brief nicht durch eine Frankiermaschine gelaufen ist.

Bei sehr guten Freunden sollten Sie eine Anschrift im Brief mit Ort und Datum vermeiden. In der Anredezeile verwenden Sie eine persönliche Form wie z. B. »Liebe/Lieber ...« oder eine sachliche wie »Sehr geehrte(r) ...«. Falls Sie eine genaue Titelbezeichnung nicht wissen, erkundigen Sie sich vorher nach der korrekten Schreibweise.

Wie die Antwort aussieht

Nur sehr nahe stehenden Personen danken Sie brieflich und handschriftlich für die Beileidsbezeugung. Allen übrigen Personen teilen Sie Ihren Dank mit einer vorgedruckten Karte oder durch eine Anzeige mit. Das gilt übrigens für alle Bereiche, ob öffentlich oder privat.

Beispiele

- *Für die zum Tode meines Gatten erwiesene Anteilnahme und Ihre Worte des Trostes danke ich Ihnen.*
- *Für Ihre freundliche Anteilnahme an meinem unsagbaren Schmerz danke ich Ihnen sehr. Ihre Worte haben mir Trost und Kraft gegeben.*
- *Die vielen Beweise aufrichtiger Anteilnahme beim Tod meiner lieben Frau haben mir Trost und Kraft gespendet. Dafür sage ich auf diesem Wege vielen Dank.*
- *Wir sprechen allen unseren herzlichen Dank aus, die unseres lieben Vaters in Liebe und Freundschaft gedachten und uns ihre Anteilnahme erwiesen.*
- *Wir sprechen unseren aufrichtigen Dank aus für die zahlreichen Beileidsbekundungen zum Tod unseres Geschäftsführers.*

Beileidsschreiben im privaten Bereich

An eine befreundete Familie

Liebe Familie Wenninger!

Die Nachricht von dem Tod Ihres Gatten, unseres lieben Freundes Edward, hat uns tief erschüttert. Mit Worten den Schmerz auszudrücken, den wir mit Ihnen empfinden, fällt uns schwer.

Wir alle, die wir lange Jahre mit dem Verstorbenen eng verbunden waren in unserem Gesangsverein, können heute an diesem Tag den Verlust, der uns mit dem Tod von Edward getroffen hat, noch nicht erfassen. Wir werden erst in Zukunft begreifen lernen, welch wunderbarer Mensch uns mit Edward verloren gegangen ist.

Nehmen Sie bitte, liebe Familie Wenninger, als die nächsten Anverwandten unsere aufrichtige Anteilnahme und Verbundenheit mit Ihrem Schmerz entgegen.

Rüdiger Steiger mit Familie

An eine befreundete Familie

Sehr geehrte Frau Hübner,

die Nachricht vom Tod Ihres lieben Mannes hat mich zutiefst betroffen gemacht. Ich will Ihnen sagen, dass ich den Schmerz mit Ihnen teile.

Ich wünsche Ihnen, dass die Zeit diese Wunde heilt.

Mit tiefem Mitgefühl

Ihr
Siegfried Burger

An eine Freundin

Sehr geehrte Frau Seifert!

Mit großem Bedauern habe ich von dem Heimgang meines lieben alten Freundes erfahren. Wie Sie ja auch wissen, hat uns seit vielen Jahren eine tiefe und echte Freundschaft verbunden, die der Tod nun mit einem Schlag beendet hat. Der Schmerz ist groß und wird groß bleiben.

Bitte nehmen Sie von mir mein aufrichtiges Beileid entgegen. Geteiltes Leid ist halbes Leid.

Gerne hätte ich Ihnen mein Mitgefühl persönlich bei der Trauerfeier ausgesprochen, aber aus gesundheitlichen Gründen war ich an einer Teilnahme verhindert.

Mit den innigsten Wünschen und Grüßen

Ihr Rudolph Loose

An einen Freund

Lieber Herr Lippert,

für mich ist der Tod von Ilse immer noch unglaublich. Ich kann und will es nicht fassen, dass meine liebe Freundin nun tot ist und wir nichts mehr gemeinsam machen können. Ich habe sie sehr geschätzt.

Sie wird uns allen fehlen.

Ihre
Regina

An entfernte Bekannte

Sehr geehrte Familie Kilian,

zum Tode Ihres Sohnes sprechen wir Ihnen hiermit unser tief empfundenes Mitgefühl aus.

Ihre Familie Berger

An nahe Bekannte

Liebe Familie, lieber Herr Lewald!

Ein tragisches Ereignis hat Ihnen Ihre Frau genommen.

»Mitten im Leben sind wir mit dem Tod umfangen«, sagt Martin Luther.

Gerda und ich wissen, dass Worte wie diese nur ein wenig den Schmerz lindern können, aber das Geschehene nicht ungeschehen machen können. Der Verlust der geliebten Elsa bleibt und ist für Sie wie uns eine unfassbare Tatsache, mit der wir lernen müssen umzugehen und zu leben.

Wir wollen Ihnen über unser Mitgefühl hinaus versichern, dass wir Ihnen und Ihren Kindern mit allen uns zur Verfügung stehenden Kräften und Mitteln beistehen wollen, wenn Sie unsere Unterstützung benötigen. Bitte wenden Sie sich an uns, wir helfen Ihnen. Ich stehe jederzeit zu Ihrer Verfügung und ich werde alles tun, wenn Sie es wünschen. Bitte lassen Sie es mich wissen, wenn Sie mich brauchen.

Ich fasse die Freundschaft/Bekanntschaft zu Ihrer Frau als Verpflichtung auf.

In tiefer Anteilnahme auch im Namen meiner Frau

Heinrich Jäger

An eine Nachbarin

Liebe Familie Winter!

Betroffenheit und Trauer über den Tod Ihres Mannes Günther erfüllen uns.

Wir haben oft ein Wort über den Zaun gesprochen und uns viele gegenseitige Anregungen für unseren Garten gegeben. Die Gespräche mit Ihrem Mann waren für mich immer sehr anregend und bedeutsam. Seine Ratschläge haben mir oftmals weitergeholfen. Er war ein ehrlicher und aufgeschlossener Mensch, der nie mit einem wirklich guten Rat hinter dem Berg hielt.

Mein besonderes Mitgefühl gilt Ihnen, liebe Frau Winter. Sie haben Ihren geliebten Mann verloren. Ich wünsche Ihnen die Kraft und den Beistand, den schmerzlichen Verlust zu überwinden.

In tiefem Mitgefühl

Ihre Sigrun Beier mit Familie

An ein Familienmitglied

Liebe Schwester,

der Schmerz über den Tod von Wilfried treibt uns die Tränen in die Augen und macht es uns schwer, Worte des Trostes zu schreiben. Viel lieber würde ich dich in meine Arme schließen und dich ganz fest an mich drücken, um dir Halt zu geben in deinem unsagbaren Leid.

Dein Wilfried hat dir immer Halt gegeben in deinem Leben, in allen Situationen war er für dich da. Nie war ihm etwas zu viel, er hat alles mit Freude gemacht und hatte immer einen Scherz auf den Lippen. Sein Lachen wird uns allen fehlen.

Er hat auch mir als Schwager in schwierigen Angelegenheiten Verständnis und Hilfsbereitschaft gezeigt. Seine aufbauenden Worte werde ich ihm nie vergessen.

Wir fühlen mit euch und werden mit euch gemeinsam den Schmerz tragen und euch unterstützen, wo wir nur können.

Wir wünschen euch von tiefster Seele, dass euer Glaube euch hilft, diese schwere Zeit zu bewältigen und euch die Kraft gibt, das Leben ohne Wilfried zu meistern.

In innigster Verbundenheit

deine Lea

Beileidsschreiben im geschäftlichen Bereich

An Geschäftspartner

Sehr geehrte Damen und Herren,

mit tiefem Bedauern haben wir die Nachricht vom Tod Ihres Geschäftsführers Robert Tröger zur Kenntnis genommen. Zu diesem wirklich schweren Verlust sprechen wir Ihnen unser aufrichtiges Beileid aus.

In Anteilnahme
Meinen GmbH

Lothar Meinen

An Geschäftspartner

Sehr geehrte Damen und Herren,

erst heute bei einem Besuch in Ihrem Hause haben wir von dem Tod Ihrer Verkaufsleiterin erfahren.

Wir als Kunde haben Frau Stefanie Kreut als loyale und kompetente Geschäftspartnerin sehr geschätzt. Frau Kreut hat all die Jahre beide Seiten mit ihren Wünschen und Vorstellungen im Blick gehabt. Sie hat stets den Dialog so geführt, dass am Ende ein für beide Seiten fruchtbarer Konsens erzielt worden ist.

Wir nehmen Anteil an ihrem Tod und versichern Sie unseres tiefen Mitgefühls.

Axel Lorenz

An Kunden

Sehr geehrte Damen und Herren,

Anteilnahme und Betroffenheit hat die Nachricht von dem Tod des Seniorchefs ausgelöst.Wir haben Herrn Alfred Schmid in einer über zehn Jahre dauernden Geschäftsverbindung schätzen gelernt. Seine korrekte und offene Art des Umgangs mit Geschäftspartnern hat uns immer hohen Respekt abverlangt. Wir bedauern den Tod von Herrn Schmid und können Ihnen auf diesem Wege nur unseren Dank und unser tiefes Mitgefühl ausdrücken.

Mit stillem Gruß

Adalbert Steiger

An die Gattin eines Mitarbeiters

Sehr geehrte Frau Dietrich,

Sie haben Ihren Mann durch einen überaus tragischen Unfall verloren. Zu diesem unbeschreiblichen Verlust kann ich Ihnen nur mein tiefes Mitgefühl aussprechen. Wir alle haben ihn als fähigen und menschlichen Mitarbeiter kennen gelernt. Sein Tod macht uns alle sehr betroffen. Was uns neben der Trauer bleibt, ist der Ausdruck des Dankes für seine Leistung in all den Jahren.

Herr Theodor Dietrich war die ganzen Jahre ein überaus guter Mitarbeiter und bei jedermann beliebt, gerade auch wegen seiner Kollegialität. Wir werden ihn alle vermissen.

In ehrlicher Anteilnahme, auch im Namen der Firmenleitung und Belegschaft.

In aufrichtiger Verbundenheit

Gerd Hübner

An die Gattin eines Mitglieds einer Institution

Sehr geehrte Frau Lauber,

zum Tode ihres Gatten sprechen wir Ihnen und Ihren Angehörigen unsere tief empfundene Anteilnahme aus.

Die Gemeinde hat mit dem Tod von Herrn Viktor Lauber eine ihrer herausragenden Persönlichkeiten verloren. Herr Lauber hat 25 Jahre die Aufgaben und Ziele unserer Gemeinde mit großem Verhandlungsgeschick, Beharrlichkeit und Zielstrebigkeit verfolgt. Herr Lauber hat viel, sehr viel für unsere Gemeinde erreicht. Was er in die Hand genommen hat, wurde zu einem positiven Ende geführt. Ohne die Tatkraft und Ausdauer wären viele Projekte nicht verwirklicht worden. Für immer werden diese Projekte mit seinem Namen in Verbindung gebracht werden.

(Aufzählung)

Viele Früchte seiner Arbeit konnte er noch zu seinen Lebzeiten ernten. Wir werden alles daransetzen, das von ihm Begonnene in seinem Sinne fortzuführen. Seine Arbeitsweise und sein Herangehen an eine Aufgabe, sein Organisationsgeschick und seine Fähigkeit, auch komplexe Problemstellungen in kurzer Zeit zu lösen, werden uns ein Vorbild sein.

Wir verlieren mit Herrn Lauber nicht nur einen geschätzten Fachmann, sondern auch einen Freund. Die Trauer verbindet sich mit Dank.

In tiefer Anteilnahme

Gemeinderat Gleinstätten

Heribert Neuner

Informationen und Ratschläge für den Trauerfall

Der Mensch lebt in einer Gemeinschaft, also sollte er auch nicht allein sterben. Der Sinn des Brauchtums liegt darin, den Sterbenden und die Hinterbliebenen nicht mit dem Tod allein zu lassen, sondern diesen großen Wendepunkt des Lebens mit feierlichen Zeremonien zu begleiten, um diesen letzten Akt des Lebens mit der ihm gebührenden Würde zu begehen.

Damit wird zum Ausdruck gebracht, dass der Tod ein Teil der biologischen Kontinuität des Menschen ist. Die Würde, die dem Sterben und dem Tod entgegengebracht wird, zeugt zugleich von dem Stellenwert des Lebens in einer Gesellschaft. Insoweit ist der individuelle Tod immer auch eine Prüfung der Gemeinschaft, in der der Sterbende gelebt hat.

Für die Hinterbliebenen sind diese gemeinsamen Handlungen von großer Bedeutung, um den Schmerz und die Trauer über den Verlust besser verarbeiten zu können.

Die Gesellschaft zelebriert den Tod nicht als einsames Abenteuer, sondern als öffentliches Ereignis, das die Gemeinschaft einbezieht. Der Mensch stirbt heute seltener in seinen eigenen vier Wänden, daher sind bestimmte Rituale schwierig bzw. selten geworden. Denn diese bedürfen einer Vorbereitung und kommen somit bei einem plötzlichen Tod nicht in Betracht.

Im Folgenden finden Sie die meist christlich motivierten Gepflogenheiten im Umfeld eines Todesfalls und Erklärungen zu Symbolen und Symbolik. Es schließen sich Vorschläge für die Kranzschleife und die musikalische Gestaltung der Trauerfeier an.

Traditionen und Brauchtum

Wenn Worte ihre Wirkung versagen, dann können Gesten Hilfe leisten. Das Halten der Hand eines Sterbenden lässt ihn unsere letzte Zuwendung erfahren. In einem christlich geprägten Umfeld werden vor dem Eintreten des Todes Gebete gesprochen, das »letzte Abendmahl« gespendet und der Abschiedssegen durch den Pfarrer bzw. die Pastorin erteilt.

Die »Johannesminne« zählt zu den alten Riten. Dem Sterbenden wird geweihter Wein, Rotwein, gereicht, um den Abschied von dieser Welt zu erleichtern. Bedeutung kann dieser Ritus heute auch gewinnen als Zeichen der Verbundenheit zwischen Menschen, die viele Abende ihres Lebens gemeinsam bei einem Glas Wein zugebracht haben.

Wenn der Tod eintritt, dann sollten dem Verstorbenen die Augen und der Mund geschlossen werden, bevor die Leichenstarre eintritt. Das Schließen der Augen ist heute ein Akt der Pietät, um dem Verstorbenen das Aussehen eines friedlich Schlafenden zu geben. In vergangenen Zeiten fürchteten die Menschen stattdessen den bösen Blick, wenn die Augen eines Verstorbenen offen blieben. Bei einem offenen Mund fürchtete man, dass die Seele, die durch den Mund entwichen war, zurückkehren würde, den Toten wieder lebendig machen und andere mit in den Tod nehmen würde.

In ländlich strukturierten Gebieten signalisiert das Läuten der Totenglocke die Kundgabe des Todes, die Aufforderung zum Gebet, Ehrung des Verstorbenen, die Erinnerung, das Gedenken an den Tod. Die Totenglocke wurde in verschiedenen Variationen geschlagen, je nachdem ob ein Kind, eine Frau oder ein Mann gestorben sind.

Das Waschen des Leichnams wird aus hygienischen Gründen von den Angehörigen oder von einer »Totenfrau« (Leichenfrau) vorgenommen. Dem Verstorbenen wird heute meist ein weißes Gewand angezogen. Früher war mit dem Waschen der symbolische Zweck verbunden, den Verstorbenen von den schmutzigen Kräften zu befreien, die seine Grabesruhe stören könnten, und ihn gleichzeitig zu rüsten für den Eintritt ins Jenseits. Deshalb wurde dem Verstorbenen auch ein festliches Gewand angezogen, vor allem um bei der Auferstehung am Jüngsten Tag vor dem ewigen Richter einen guten Eindruck zu machen.

Die Würdigung der Toten

Wenn ein Mensch in einem christlichen Umfeld stirbt, erhält er das Sterbekreuz, ein Christ der katholischen Konfession zusätzlich den Rosenkranz, in die gefalteten Hände. Im Zimmer des Verstorbenen werden in einem christlichen Umfeld die Fenster geöffnet, um die Seele nicht am Verlassen des

Raumes zu hindern. In das Zimmer des Verstorbenen wurden ein Gefäß mit Weihwasser, ein Kreuz, Kerzen, ein Buchsbaumstrauß und ein Teller mit Salz gebracht. Außerdem wurde die Uhr angehalten als Zeichen für die abgelaufene Lebenszeit. Im Haus des Verstorbenen herrscht Stille. Im Zimmer des Verstorbenen brannte bis zum 30. Tag das Totenlicht zum Trost der »abgeschiedenen Seele«. Der Sarg ist im Haus verblieben und die Verwandten sowie Nachbarn fanden sich zum Gebet ein. Mit der Reinigung und dem Ausräuchern des Totenzimmers am 30. Tag fand die Zeit der höchsten Trauer ihren Abschluss. Heute kann nach rechtlichen Vorschriften der Verstorbene noch 24 Stunden in der Wohnung bleiben.

Das Weihwasser erinnert an die Taufe, Salz gilt als Symbol für das Leben.

Das Beten des Totenrosenkranzes erfolgt an den Abenden der Tage vor der Beerdigung des Toten. Die Hinterbliebenen statten den Mitbetenden öffentlich Dank ab. In kleineren Gemeinden übernehmen die Nachbarn bei einem Todesfall Aufgaben. Sie rufen zwischen Tod und Beisetzung zum fürbittenden Gebet zusammen. Sie übernehmen die Organisation der Feier der Totenmesse sowie der Prozession zum Friedhof und die Bestimmung der Träger des Sarges sowie des Prozessionskreuzes. Bei der Totenmesse organisieren sie den Ministrantendienst und das Amt des Lektors und sorgen dafür, dass alle, die die Totenmesse mitfeiern unmittelbar hinter den Angehörigen, die in der ersten Reihe sitzen, Platz nehmen.

Nach dem Schlusslied der Messfeier erfolgt die Versammlung um den Sarg, und es wird die Einsegnung vorgenommen. Dabei darf nicht gesprochen werden. Das Requiem findet vor dem Begräbnis oder im Anschluss daran statt. Bei dieser Messe erhalten die Teilnehmer gedruckte Sterbebildchen, die auf der Vorderseite ein religiöses oder künstlerisches Motiv zeigen und auf der Rückseite die Geburts- und Todesdaten enthalten, meist mit einem Bild des oder der Verstorbenen, sowie einem Gebet- oder einem Sinnspruch bzw. einem Bibelzitat. Nach dem Requiem bzw. dem Gottesdienst zieht vor allem in ländlichen Gebieten die Trauergemeinde in einer Prozession zum Friedhof und betet den Rosenkranz.

Wenn in manchen Regionen der Leichenschmaus »Tröster« genannt wird, dann offenbart diese Bezeichnung die Funktion dieser Zusammenkunft der Hinterbliebenen. Bereits in der Antike gehörte das Leichenmahl zum Totenbrauchtum. Die Funktion des Leichenmahls ist vor allem in der Herstellung von Gemeinsamkeit zu sehen. In der Gemeinschaft lässt sich die Trauer besser verarbeiten.

Das Gedenken an die Toten

Das Sechswochenamt und das Jahrgedächtnis sowie ein Gottesdienst am Monatsende sind vor allem in katholischen Gebieten regelmäßiger Bestandteil des Gedenkens der Toten. Darüber hinaus geht täglich jemand zur Kirche, um bei der Messe oder bei dem abendlichen Rosenkranz des oder der Verstorbenen zu gedenken. Dazu kann auch eine bestimmte Person, die so genannte »Dreißigstbeterin« stellvertretend für die Hinterbliebenen die Fürbittenpflicht erfüllen.

Der Allerseelentag am 2. November geht auf den Abt Odilo von Cluny (994–1084) zurück. Er bestimmte, dass der Tag nach dem Allerheiligenfest als Gedenktag für alle Verstorbenen mit Messen, Psalmen und Almosen gefeiert wird. Vor dem Allerseelentag werden die Gräber geschmückt und mit einer Kerze versehen. Die Kerze ist das Symbol des ewigen Lebens, das den Verstorbenen leuchten soll. In manchen Gegenden versammelt man sich am Nachmittag des Allerseelentages auf dem Friedhof, um für die Verstorbenen zu beten. Oft ist damit eine Segnung der Gräber verbunden.

Was Symbole bedeuten

Sie können Ihrer Traueranzeige oder Ihren Grabstein mit Symbolen einen besonderen Ausdruck verleihen oder eine verborgene Botschaft mitteilen. Die Grabmale zeigen Darstellungen des Schmerzenmannes, der Mater dolorosa, des auferstandenen Jesus oder auch Symbole, die in Verbindung mit dem Verstorbenen stehen wie beispielsweise der Hubertushirsch bei Forstleuten. Die Symbole können zudem auf den Totenbildern Verwendung finden. Diese Totenbilder dienen dem Gedenken an die Verstorbenen. Neben verschiedensten Symbolen werden dafür häufig Zitate oder Gedichte verwendet.

Die Hand kann als Zeichen für ein Leben genommen werden, das von der Arbeit mit den Händen gezeichnet war – sei es handwerklich oder künstlerisch. Die Hand fungiert aber gleichzeitig als Zeichen für Freundschaft und Verbundenheit mit der Lebenswelt. Sie eignet sich somit für einen Menschen, der in vielen Vereinen tätig war oder sich ehrenamtlich stark für seine Mitmenschen und die Gesellschaft eingesetzt hat. Die Person hat dem Leben die Hand gereicht. Mit gefalteten Händen kann aber auch Andacht zum Ausdruck gebracht werden, wie die Darstellung der »Betenden Hände« von Dürer zeigt.

Die Symbole des Hirten und des Lammes gehören der christlichen Welt an. Sie sind typische Auferstehungsmotive: Zum Schutz seiner Herde gibt der Hirte sein Leben hin, das Lamm ist das Zeichen für Christus, der sich für seine »Herde« geopfert hat.

Das Kreuz wird als ein Zeichen der Hoffnung und des Lebens verwendet. In vielen Kulturen findet sich das Kreuz in der Sonne und verweist auf Leben und Fruchtbarkeit wie übrigens auch die Ähre. Sie wird häufig für Menschen ausgewählt, die der Natur eng verbunden waren.

Sonne und Licht sind Symbole für das Leben und für die Hoffnung. Sie symbolisieren das Leben eines Optimisten, eines Menschen, der ein erfülltes und erfolgreiches Leben gelebt hat.

Gott als Symbol des Lichts wird als Ursprung der Farbe betrachtet.

Der Kranz symbolisiert in einem biblischen Zusammenhang den Sieg des Lebens über den Tod und steht darüber hinaus für ein erfolgreich bewältigtes Leben. Der »Lorbeerkranz« wird einem Sieger, einem erfolgreichen Menschen, zuteil.

Wenn Farben und Blumen sprechen

Trauerkleidung bedeutete das Tragen schwarzer Kleidung, einer Trauerbinde oder eines Trauerflors bis zu einem Jahr nach dem Todesdatum. Heute ist die schwarze Farbe als Zeichen der Trauer weitgehend aus der Öffentlichkeit verschwunden. Doch sind dunkle Farbtöne in der Kleidung für einen Anlass der Trauer angebracht. In der katholischen Kirche trägt der Pfarrer nicht mehr unbedingt ein schwarzes, sondern auch ein violettes und weißes Gewand, da diese Farben den Glauben an die Auferstehung ausdrücken.

Jede Farbe hat eine andere und in verschiedenen Kulturen eine unterschiedliche Bedeutung. Schwarz verweist in der christlichen Welt auf Trauer, in anderen Kulturtraditionen und zu anderen Zeiten symbolisiert die Farbe Weiß den Kummer, die Trauer. Weiß steht für die Erleuchtung, die Einfachheit, die Erlösung; es steht im Zusammenhang mit Leben und Liebe, aber auch mit Tod und Begräbnis.

Die Farbe Rot kann die Erneuerung des Lebens bedeuten. Rot in Verbindung mit Weiß steht hingegen für den Tod. Rot symbolisiert auch das männliche Prinzip. Ebenso ist Grün sowohl für das Leben als auch den Tod ein Symbol. Es vermittelt Hoffnung, das Frühlingsgrün des Lebens, aber auch Vergänglichkeit. Die Farbe Grau hat einen neutralen Charakter und verweist auf Trauer, Demut, Buße, Leiden, den Tod des Körpers und die Unsterblichkeit der Seele. Blau ist die Farbe des weiblichen Prinzips, der Ewigkeit, der Offenbarung, der Weisheit, des Friedens, der Kontemplation. Violett symbolisiert religiöse Hingabe, Heiligkeit, Demut, Trauer.

Die Blumensymbolik nimmt im »Biedermeier« des 19. Jahrhunderts ihren Ausgang. Mit der Gestaltung von Blumengestecken können Botschaften zum Ausdruck gebracht werden. Jede Blume hat eine bestimmte Bedeutung, wobei die Farbe auch eine Rolle spielt. Während die rote Rose Liebe und Treue symbolisiert, gilt die weiße als Zeichen der ewigen Liebe. Eine rote Nelke ist ein Symbol für Achtung und Liebe, eine weiße für innigste Freundschaft. Eichenlaub und Lorbeerblatt stehen für Tugend, Oleander und Flieder für Schönheit. Neben der Rose ist die Bedeutung der Lilie wohl am besten bekannt – als Symbol der Unschuld. Der folgenden Liste können Sie die wichtigsten Farben und Blumen und ihre Bedeutung entnehmen.

Symbolik

Was Farben symbolisieren

Blau	Ewigkeit, Offenbarung, Weisheit, Frieden, Kontemplation, das weibliche Prinzip
Braun	Farbe der Erde, Absage an die Welt, Entsagung
Grau	Trauer, Demut, Buße, Leiden, Tod
Grün	Hoffnung, Frühling, Vergänglichkeit
Rot	Erneuerung des Lebens, das männliche Prinzip
Rot mit Weiß	Tod
Safran	Entsagung, Demut
Schwarz	Kummer, Trauer
Violett	Heiligkeit, Demut, Trauer, religiöse Hingabe
Weiß	Erleuchtung, Einfachheit, Erlösung, Tod, Trauer

Was Blumen symbolisieren

Akazie, weiß	Freundschaft
Anemone, blau	Erschütterung über einen unfassbaren Tod
Dahlie	Mein Herz ist ewig bei dir
Eichenlaub	Tugend
Flieder	Schönheit
Haselnussblüte	Schutz
Hyazinthe	Mein Herz zieht mich zu dir
Königskerze, gelb	Mut
Kornähre	Was du forderst, kann nur die Zeit gewähren
Kornrade	Ich lebe nur für dich
Lavendel	Die Erinnerung an dich ist meine einzig stille Freude
Lilie	Symbol der Unschuld
Lindenblüte	Symbol der Liebe
Mimose	Stolze, schöne Seele
Nelke, rot	Achtung und Liebe
Nelke, weiß	Symbol innigster Freundschaft
Oleander	Schönheit
Ringelblume	Liebe, Wertschätzung
Rose, rot	Liebe und Treue
Rose, weiß	Ewige Liebe
Rosenknospe mit Dornen	Hoffnung
Schneeglöckchen	Vergessen der Vergangenheit, Hoffnung auf die Zukunft
Schwertlilie	Hoffnung
Tulpe	Stumme Schönheit
Veilchen	Naturverbundenheit
Weinlaub	Heiteres Naturell
Weinrebe	Freundschaft
Wicke	Freundschaft

(Quelle: Knaurs Lexikon der Symbole, München 1998)

Die Gestaltung der Kranzschleife

Bei besonders persönlichen Beziehungen kann es über das Kondolenzschreiben hinaus angebracht sein, einen Kranz oder ein Gesteck bei einem Blumenhaus für den Verstorbenen in Auftrag zu geben. Wenn Sie bei der Trauerfeier nicht persönlich anwesend sind und den Blumengruß in Ihrer Vertretung zustellen lassen, müssen Sie ein Beileidsschreiben oder eine Karte beifügen, damit der Absender der Blumen vom Empfänger identifiziert werden kann.

Der Raum, der auf der Kranzschleife zur Verfügung steht, bedingt die Kürze der Worte. Sie müssen in wenigen Worten Ihre Trauer, Ihr Mitgefühl zum Ausdruck bringen. Die Farbe der Kranzschleife muss nicht zwingend schwarz sein, sondern sie kann auch in den Farben Weiß, Dunkelrot, Grün und Violett gehalten sein. Damit wird eine positive hoffnungsvolle Perspektive vermittelt. Auf der rechten Seite der Kranzschleife wird stets der Absender genannt, z. B. »Deine Familie«, »Deine Frau«, »Deine Freunde« etc. Die linke Seite ziert ein Spruch, ein Wunsch, ein Appell.

Beispiele für den Text der Beileidskarte

- ***Wir trauern mit Ihnen/Ihrer Familie über den schmerzlichen Verlust, der auch uns tief betroffen macht. In aufrichtiger/tiefer Anteilnahme …***
- ***Wir trauern mit Ihnen allen über den großen/unsagbaren Verlust, der auch uns schmerzlich erfüllt. In tiefer/inniger Verbundenheit …***

Beispiele für den Text auf der Kranzschleife

- ***Ruhe sanft***
- ***Ruhe in Frieden***
- ***Mit stillem Gruß***
- ***Christus soll Trost sein***
- ***Lebe in Christus***
- ***Dein Werk wird weiterleben***
- ***Vergessen bist du nie***
- ***Danke für deine große Liebe***
- ***In Liebe***
- ***In ewiger Verbundenheit***
- ***Ruhe in Gottes Frieden***
- ***In stiller/m Trauer/Gedenken***
- ***Auf Wiedersehen***
- ***Du warst uns alles***
- ***Unvergessen, ewig geliebt***
- ***Verbunden über das Grab hinaus***
- ***Danke für das Leben mit dir***
- ***Wir sehen uns wieder***
- ***In Treue und Dankbarkeit***
- ***Unsere Gedanken begleiten dich***

Musikalische Gestaltung der Trauerfeier

Trauermusik hilft bei der Verlustbewältigung, drückt den Schmerz, die Verzweiflung und die Einsamkeit der Hinterbliebenen aus und hat eine gewisse Nähe zur Trauerrede. Trauer und Melancholie werden in einem engen Zusammenhang gesehen. Luther empfiehlt gegen die Melancholie als Heilmittel die Musik. Die tiefe Lage mancher Trauerkompositionen, die bis an die Grenze der Hörbarkeit geht, weckt Begleitvorstellungen wie Dunkelheit, Passivität und Ruhe. Trauermusik ist auch stille Musik in einem langsamen Tremolo – zum Ausdruck von Angst und Klage mit Blockflöten und Oboen. Blechblasinstrumente sind bei dieser musikalischen Form ausgeschlossen, stattdessen entsprechen das Cembalo und die Violine dieser Art von Musik.

Monteverdis »Lamento d' Arianna« (1623) ist ein Klagegesang, der die Verzweiflung der Heldin ausdrückt. Er findet sich z. B. in Donizettis Oper »Lucia di Lammermoor« (1835) in der Wahnsinnsarie der Lucia »Eccola, il dolce suono mi colpi di sua voce!« und in der Arie des Edogardo »Ihr Gräber meiner Ahnen« (Tombe degli avi miei) sowie in Orffs »Lamenti. Trittico teatrale« (1958) wieder.

Beispiele

- ***Schütz:** »Klaglied« (1625/SWV 501) auf den Tod seiner Frau Magdalena*
- ***Bach:** »Weimarer Kantate« (BWV 12), »Weinen, Klagen, Sorgen, Zagen« (1714) mit 32stel Girlanden der Oboe im Vorspiel*
- ***Mozart:** »Maurerische Trauermusik« (1785) in c-Moll (KV477), ein rein instrumentales Werk, gilt als »Mozarts musikalisches Bekenntnis zum Tode«*
- ***Berlioz:** »Grande symphonie funèbre et triomphale« (1840)*
- ***Berg:** Violinkonzert »Andenken eines Engels« (1935), im 2. Satz ist das Kirchenlied »Es ist genug! So nimm Herr, meinen Geist« in der Fassung Bachs verarbeitet*
- ***Schostakowitsch:** 7./8. Streichquartett 14. Symphonie (1969), verarbeitet das Thema Tod nach Rilke im letzten der darin vertonten elf Gedichte*
- ***Lutoslawski:** »Trauermusik« (1958), im Andenken an Bartók, darin drückt der vierte Abschnitt »das Äußerste an Schmerz, grenzenloser Verzweiflung und hoffnungsloser Trauer« aus.*

Der Trauermarsch

Der Trauermarsch vermittelt statt Versunkensein in Schmerz und individuelles Leid den Eindruck eines zeremonialen Dabeiseins und macht die Trauer und das Leid zu einem öffentlich-repräsentativen Akt. Die kennzeichnenden instrumentalen Formen des Trauermarsches sind Blechbläser und Schlagwerk. Die überwiegende Tonart ist C-Moll. Die Vortragsbezeichnung für Trauermärsche lautet meist »in gemessenem Schritt«, wodurch die Würde des Anlasses zum Ausdruck kommt.

Im 19. Jahrhundert bildet sich in New Orleans eine Variante des Trauermarsches für den Heimweg vom Friedhof heraus: »Nearer my god to thee«, »Flees as a bird to the mountain«, »Oh didn't the ramble« und das berühmte »Oh when the saints go marchin' in«.

Beispiele

- ***Händel: Oratorium »Saul« (1739/HWV 53) 3. Akt, Szene 4/5 Trauermarsch in C-Dur***
- ***Beethoven: Klaviersonate op. 26, 3. Satz »Marcia funebre sulla morte d'un Eroe« (1801), und 3. Symphonie op. 55 »Eroica«, 2. Satz »Marcia funebre« (1803)***
- ***Schubert: »Grande Marche funèbre« für Klavier zu vier Händen (D 859/1825)***
- ***Lisst: »Marche funèbre« (1867-77) in »Années de pélerinage, Troisième Année, Nr. 6.«***
- ***Mahler: eröffnet die 5. Symphonie (1901) mit einem Trauermarsch***

Das Requiem

Hauptsächlich an Kirche und Religion gebunden, ist das Requiem eine spezielle Aufführungsweise der Trauermusik. Bereits im alten Rom war der Gesang zum Lob des Verstorbenen ein Trauerbrauch. Das Requiem ist die Grundlage der musikalischen Trauer in der katholischen Kirche bis zu den liturgischen Beschlüssen des Zweiten Vatikanischen Konzils. Das Requiem wird auch Totenmesse oder »Missa pro defunctis« genannt und ist Bestandteil der katholischen Liturgie. Es wird am Tag des Todes, des Begräbnisses, an weiteren Gedenktagen und an den Jahrestagen gefeiert. Es beinhaltet die

Bitte um das Seelenheil des Verstorbenen und hat mit dem Ausblick auf das Jüngste Gericht und Androhung von ewiger Verdammnis die Funktion, die Lebenden zu einem gottgefälligen Leben anzuleiten. Die evangelische musikalische Mitteilungsform des Todes- und Trauergedankens ist das deutsche geistliche Lied. Es sind tröstliche Lieder zur Vergebung der Sünden.

Die Totenmesse ist dem Gedächtnis des Verstorbenen zugedacht, der bei der Messfeier durch die Nennung des Namens in die Gegenwart zurückgeholt wird und dadurch in die Gemeinschaft der Lebenden und der Toten einbezogen wird.

Der gegenwärtige römische Ritus legt neun musikalische Teile für die Totenmesse fest. Heute folgt nach dem Schluss der Messe bei Beerdigungsgottesdiensten die Absolutio mit den Responsorien »Absolve« und »Libera me Domine de morte aeterna«.

- 1. Introitus (»Requiem, aeternam dona eis requiem, Domine«)
- 2. Kyrie, 3. Graduale (»Requiem«)
- 4. Tractus (»Absolve, Domine«)
- 5. Sequenz (»Dies irae, dies illa«)
- 6. Offertorium (»Domine Jesu Christu«)
- 7. Sanctus
- 8. Agnus
- 9. Communio (»Lux aeterna«)

Totenmessen sind vor allem in den katholischen Gebieten Europas komponiert worden. Das zwiespältige Verhältnis der christlichen Tradition zu Tod und Trauer offenbart sich in den Texten der Requiemsmessen.

Zum einen stellt der Tod eine Erlösung dar aus dem mit Fehlern und Lastern behafteten Diesseits. Es ist ein Ausbruch des Körpers aus den Beschränkungen des irdischen Lebens, ein Auslöser für das Zusammentreffen der Seele mit Gott, woraus sich die Freude ableitet.

Andererseits wird der Tod des Einzelnen mit dem Tod Jesu in Verbindung gebracht, der in der Karwoche vor Ostern, dem Fest der Auferstehung, betrauert wird. Das Osterfest beinhaltet Trauer und Freude zugleich – Trauer über den Tod Christi und Freude über dessen Auferstehung.

Die musikgeschichtliche Entwicklung

Die frühen Totenmessen verwenden Texte, die besonders die Auferstehungshoffnung ausdrücken und den Zustand der ewigen Ruhe beschreiben. Das Spätmittelalter akzentuiert dann den Gedanken der Sündenbuße nach dem Tod und verfestigt die Vorstellung von dem Fegefeuer dogmatisch, was in der Sequenz »Dies irae« in der Totenmesse zum Ausdruck kommt. Das »Dies irae«, Tag des Zorns, ist ein besonders dramatischer Ausdruck der Höllenangst. Die mittelalterliche Kirche hatte zur Funktion der Musik in der Totenliturgie eine zwiespältige Haltung: Musik war sowohl ein Werk des Teufels aber auch eines der Engel. Der Gebrauch bei einer Totenmesse forderte von der Musik Zurückhaltung und erlaubte keine exzessive Klage über den Tod. Das wirkt sich in den Kompositionen derart aus, dass große melodische Sprünge vermieden werden und einfache Rhythmen unkomplizierter Bauweise als angemessen gelten. Die Musik sollte dem Erfordernis der Einfachheit und dem der besonderen Feierlichkeit gerecht werden, denn obwohl vor dem Tod alle Menschen gleich sind, sollte doch die Besonderheit mancher Menschen in der Musik für deren Totenfeier eine repräsentative Würdigung erfahren. Lange Zeit wurde dem einstimmig gesungenen Wort der Requiemsmesse besondere Würde beigemessen.

Nach der Reformation stieg vor allem in Italien die Zahl der neu komponierten Totenmessen wieder an und wuchs am Ende des 16. Jahrhunderts zur Massenproduktion an. Im deutschsprachigen Raum entwickelte sich eine vergleichbare Tradition von Totenmessen im Gefolge der Gegenreformation in den katholischen Regionen und am Hof der Habsburger.

Neben den Totenmessen entstanden nach 1600 musikalische Werke zum Gedenken an eine Person als musikalischer Grabstein (Epitaph). Diese musikalischen Werke beziehen den Namen des Toten, zu dessen Gedenken sie komponiert worden sind, in den Text durch Nennung oder durch ein musikalisches Zitat ein. So genannte Trauermotetten, geistliche Chorwerke, haben vor allem Musiker für Kollegen bzw. Freunde komponiert. Daraus entwickelte sich die Tradition der Komposition von Messen für den eigenen Tod.

Ab dem 17. Jahrhundert spielt das Requiem besonders im katholischen süddeutschen, österreichischen und böhmischen Raum eine Rolle. Die Mehrstimmigkeit setzt sich in der Folgezeit gegenüber der Einstimmigkeit durch.

Diese für repräsentative monarchische Zwecke komponierten Requien lösen sich aus der Bindung an die Totenmesse und stellen sich in den Dienst eines weltlichen Personenkults. Die Werke sind bisweilen auch nicht mehr für eine Aufführung in einem kirchlichen Raum bestimmt.

Nach dem ersten Weltkrieg stellen die mit dem Titel »Requiem« bezeichneten Musikwerke vor allem eine Auseinandersetzung mit dem Tod dar. Ein Beispiel ist die dem unvollendeten Requiem, Fragment, des Polen Roman Maciejewski vorangestellte Widmung »To the victims of the wars of all time, victims of tyrants, of human ignorance, victims of broken divine laws«. Diese Formen des Requiems nehmen liturgische Bestandteile auf, entwickeln sie weiter oder verzichten darauf. Die folgende chronologische Auflistung der Requiem- und Trauermusikkompositionen zeigt, welche vielfältigen musikalischen Möglichkeiten die Musikgeschichte für die Gestaltung der individuellen Trauerfeier bietet.

- *1631 Strauß: »Missa pro defunctis«*
- *1673 Kerll: Requiem für Kaiser Leopold I., anlässlich des Todes der Kaiserin. »Die ausdrucksstarke, konzertant angelegte Missa pro defunctis von Joh. K. beschäftigt fünf Vokalsolisten, einen vier- bzw. fünfstimmigen Chor sowie ein Violinensemble, bei Textstellen wie »Quantus tremor«, »Tuba mirum«, »Mors stupebit« zeichnet ein Gambenchor den Inhalt nach.«*
- *1707 Bach: »Actus tragicus« (BWV 106)*
- *1791 Mozart: Requiem in d-Moll (KV 626) mit den Sequenzen Requiem, Dies Irae, Tuba Mirum, Rex tremendae, Recordare, Confutatis, Lacrimosa, Domine Jesu, Hostias, Sanctus, Benedictus, Agnus Dei.*
- *1816 Cherubini: Requiem in c-Moll als Nr. 4 »Offertorium Domine Jesu Christi«, eine offizielle Auftragsarbeit im Gdächtnis an Louis XVI., drastische rhetorische Mittel bei »Dies irae« und bei »Confutatis maledictis«, 2. Requiem in d-Moll mit ausschließlich Männerstimmen, gemäßigt gehalten*
- *1816 Schubert: Requiem-Fragment »Das deutsche Requiem« (D 621)*
- *1835 Donizetti: »Missa di requiem«, im Andenken an Bellini, Musik von Theatralik getragen, z. B. im Duett »Judex ergo« von Tenor und Bariton*
- *1837 Berlioz: »Grands Messe de morts«, Motivwiederholungen und unvermittelte Kontraste wie inniges Gebet und effektvoller Klangzauber*

- *1849 Bruckner: »Requiem«*
- *1852 Schumann: »Requiem für Mignon«, frei von liturgischen Rücksichtnahmen*
- *1855 von Suppé: »Requiem d-Moll«, melodische Solopartien, dramatischer Einsatz des gemischten Chors*
- *1857-68 Brahms: »Ein deutsches Requiem« op. 45: 1. «Selig sind die, die da Leid tragen« 2. »Herr, lehre doch mich, wie lieblich sind deine Wohnungen« 3. »Ihr habt nun Traurigkeit« 4. »Denn wir haben hier keine bleibende Statt« 5. »Selig sind die Toten, die in dem Herrn sterben«*
- *1867/68 Liszt: »Requiem« für Männersolisten und Männerchor, Draeseke (Protestant) »Requiem« mit dem Choral im Offertorium »Jesus, meine Zuversicht«*
- *1874 Verdi: »Requiem« in sieben Teilen, darin die Strophe »mors stupebit«*
- *1878 Saint-Saen: »Requiem«*
- *1890 Dvorak: »Requiem« op. 89, Vorherrschen dunkler Klangfarben*
- *1900 Fauré: »Requiem« in sieben Sätze mit Schlusssatz »In paradisum«, geprägt von einer apollinischen Auffassung des Todes*
- *1914 Reger: lateinisches »Requiem«, Fragment in spätromantischer Tradition mit breitem Klangangebot (siehe dazu auch die Werke von Henschel und Reiter) und die Requiem-Kompositionen mit Cornelius nach Friedrich Hebbels Gedicht »Seele, vergiss sie nicht«*
- *1914-16 Delius: »Requiem«-Kompositionen*
- *1922 Pizetti: »Messa di requiem«*
- *1937/38 Ropartz: »Requiem«, mit sehr viel Innerlichkeit*
- *1940 Britten: »Sinfonia da Requiem«*
- *1946 Hindemith: »A Requiem for those we love« nach Texten von W. Whitman*
- *1947 Duruflé: »Requiem«*
- *1956 David: »Requiem chorale«, gregorianische Melodien treten in den Vordergrund*
- *1961 Britten: »War Requiem«*
- *1965/66 Strawinsky: »Requiem Canticles«, nach Worten des Komponisten »the first mini or pocket-requiem«*
- *1984/86 Wittinger: »Maldoror-Requiem«*

Praktische Hinweise für einen Todesfall

Nach einem Todesfall müssen die nächsten Angehörigen bzw. Hinterbliebenen viele organisatorische Angelegenheiten regeln. In der Regel wird ein Bestattungsinstitut mit der Durchführung der Beerdigung beauftragt. Bei diesem können Sie sich informieren, was zur Abwicklung der Formalitäten notwendig ist. Dafür benötigen Sie verschiedene persönliche Unterlagen der verstorbenen Person. Im Folgenden finden Sie die grundlegenden Aspekte, die Sie berücksichtigen sollten.

Was Sie tun müssen

Zunächst muss im Todesfall ein Arzt hinzugezogen werden, der die Art und Weise des Todes diagnostiziert und den Totenschein ausstellt. Gegebenenfalls wird in dem Totenschein beglaubigt, dass der Verstorbene Opfer eines natürlichen Todes ist. Der Totenschein muss dem Standesamt vorgelegt werden, in dessen Zuständigkeitsbereich sich der Tod ereignet hat. Meldepflichtig ist die Person, die beim Eintritt des Todes anwesend oder in deren Wohnung der Tod eingetreten ist. Folgende Daten der oder des Verstorbenen müssen Sie beim Standesamt für die Ausstellung der Sterbeurkunde angeben: Vor- und Zuname, Zeitpunkt und Ort des Todes, Name eines möglichen Partners und der Kinder. Daraufhin fertigt das zuständige Standesamt die Sterbeurkunde aus.

Unterlagen der/des Verstorbenen

- *Personalausweis*
- *Geburtsurkunde*
- *Heiratsurkunde*
- *Totenschein*

Geht die natürliche Todesursache nicht eindeutig aus dem Totenschein hervor, schaltet sich automatisch die Staatsanwaltschaft ein und führt auf richterlichen Beschluss eine Obduktion durch. Die Beantragung mehrerer Sterbeurkunden ist unbedingt erforderlich, da sie für weitere organisatorische Abwicklungen benötigt werden. Wenn kein Pfarrer bzw. Pastor zur Begleitung in der Sterbestunde anwesend war, dann sollte danach mit der Kirchengemeinde Kontakt aufgenommen werden, um den Zeitpunkt und vor allem die Gestaltung der Trauerfeier abzuklären.

Die Bestattung

Die Trauerfeier und die Beerdigung werden meist am dritten oder vierten Werktag nach Eintritt des Todes abgehalten. Heute gibt es drei vorherrschende Arten der Bestattung: die Erd- und Feuerbestattung sowie die anonyme Bestattung. Seit 1964 hat die katholische Kirche die Feuerbestattung der Erdbestattung gleichgestellt. Die Form der anonymen Bestattung wurde aus den skandinavischen Ländern übernommen.

So können seit 1976 Verstorbene in Hamburg und anderen Städten Norddeutschlands auf einer Rasenfläche, die in unsichtbare kleine Felder unterteilt ist, bestattet werden. Die Asche wird ohne Behälter in die Erde gegeben, weder ein Grab- noch ein Blumensymbol geben einen Hinweis auf das Grab. Bei dieser Bestattungsform bleiben die Angehörigen ausgeschlossen und erfahren auch nichts über den Ort der Bestattung.

Wen Sie unterrichten müssen

Informieren Sie das Nachlassgericht, falls ein Testament vorliegt, ist es dort zu öffnen. Teilen Sie der Lebensversicherung den Tod mit. Vergessen Sie dabei nicht, die Sterbeurkunde und den Versicherungsschein beizufügen.

Des Weiteren sind die Versicherungsgesellschaften der anderen Versicherungen zu benachrichtigen, denn ein Todesfall ist Grund für eine fristlose Kündigung der Versicherung. Nehmen Sie in diesem Zusammenhang auch Kontakt mit den entsprechenden Banken auf, um Konten aufzulösen und Darlehensverträge zu kündigen.

Wenn der Verstorbenen aufgrund einer Kriegsverletzung oder eines Unfalls Bezüge von einem Versorgungsamt oder einer Berufsgenossenschaft erhalten hat, dann sind diese Stellen ebenfalls von dem Todesfall zu unterrichten. Wichtig ist vor allem die Benachrichtigung des entsprechenden Rentenversicherungsträgers bzw. bei einem Pensionsempfänger die staatliche oder öffentlich-rechtliche Pensionskasse.

Schließlich muss auch der Krankenversicherungsträger eine Mitteilung von dem Todesfall erhalten, denn möglicherweise bekommen die Angehörigen Sterbegeld. Mit dem Tod endet die Mitgliedschaft in der Krankenversicherung. Doch der Anspruch der Angehörigen auf familienbezogene Leistungen ist noch einige Wochen nach dem Tod des Versicherten gewährleistet.

Letztendlich ist auch im Falle einer gemieteten Wohnung bzw. eines Hauses der Vermieter zu benachrichtigen und falls notwendig die Kündigung vorzubereiten. Die folgende Liste enthält alles, worauf Sie besonders achten müssen.

- *Testament*
- *Verfügungen über die Art der Bestattung*
- *Urkunde über Grabstätte*
- *Namensliste der Personen, die benachrichtigt werden sollen*
- *Wichtige Urkunden:*
  - *Geburtsurkunde*
  - *Familienstammbuch*
  - *Heiratsurkunde*
  - *Bescheinigung über Religionszugehörigkeit*
  - *Zeugnisse*
- *Eigentumsdokumente:*
  - *Bankauszüge*
  - *Wertpapierdepots*
  - *Grundbuchauszüge*
  - *Geschäftsbeteiligungen, Kaufverträge*
  - *Forderungen an Dritte*
- *Versicherungsunterlagen:*
  - *Sozialversicherungsunterlagen: vor allem Rentenversicherungsunterlagen und Pensionsbescheide für die Witwe*
  - *Sterbeversicherung bzw. Mitgliedschaft in Sterbekasse*
  - *Lebensversicherungspolicen*
  - *Haftpflicht- und Unfallversicherungspolicen*
- *Sonstige Verträge:*
  - *Mietverträge*
  - *Pachtverträge*
  - *Ratenverträge*
- *Organspenderausweis*

An wen Sie sich wenden können

Allgemeine Hilfe

Diakonisches Werk EKD e.V.
Stafflenbergstraße 76
70184 Stuttgart,
Tel.: 07 11/21 59-0

Deutscher Caritasverband
– Bundesverband e.V. –
Karlstraße 40
79104 Freiburg i. Br.
Tel.: 07 61/20 01

Arbeiterwohlfahrt
– Bundesverband e.V. –
Oppelner Straße 130
53119 Bonn
Tel.: 02 28/6 68 50

Deutscher Paritätischer Wohlfahrtsverband
– Bundesverband e.V. –
Heinrich-Hoffmann-Straße 3
60528 Frankfurt a.M.
Tel.: 0 69/67 06-0

Deutsches Rotes Kreuz
– Generalsekretariat –
Friedrich-Ebert-Allee 71
53113 Bonn

Sterbebegleitung

Deutsche Hospizhilfe e.V.
Reit 25
21244 Buchholz
Tel.: 0 41 81/3 88 55

Christophorus Hospiz Verein e.V.
Hirtenstraße 2
80335 München
Tel.: 0 89/59 55 88

Hospiz-Team Wien
Pramergasse 14
A-1090 Wien

Trauerbegleitung

Kontakt- u. Informationsstelle
Verwaiste Eltern in Deutschland
Esplanade 15
20354 Hamburg
Tel.: 0 40/35 50 56-44

Trauerseminare

Evangelische Akademie Nordelbien
Bad Segeberg Esplanade 14
20354 Hamburg
Tel.: 0 40/34 12 64

Bischöfliche Akademie des Bistums Aachen
Leonhardstraße 10–18
52064 Aachen
Tel.: 02 41/4 84 74

Evangelische Akademie Bad Boll
73087 Bad Boll
Tel.: 0 71 64/7 91

Caritas Fortbildungshaus
Seewiesstraße 65
82340 Feldafing

Verwaiste Eltern München e.V.
Schrenkstraße 3
80339 München
Tel.: 0 89/5 02 01 84

Friedhof

Arbeitsgemeinschaft Friedhof und Denkmal
Ständeplatz 13
34117 Kassel

Anhang

Hilfreiche Formulierungen

In diesem Kapitel finden Sie eine Vielzahl an Beispielen, die Sie für Trauerreden und Beileidsschreiben verwenden können. Außerdem kann Ihnen die Auswahl an Begriffen und Formulierungen zum Themenkreis Tod und Trauer eine Hilfe sein. Daran schließt sich eine Reihe von Gedichten an. Sicher werden Sie in der Fülle des Angebots geeignete Worte finden.

Für die Einleitung

- *Sein plötzlicher unerwarteter Tod lässt uns nur schwer Worte finden. Erst der Tod bringt die wahren Beziehungen, die das Leben halten zum Ausdruck. »Wir haben ihn zum Freund gehabt.« – Ein Satz, schnell und unbedacht gesprochen. Die Bedeutung dieses Satzes erschließt sich uns, wenn uns bewusst wird, dass Bernd Merker nicht mehr da ist. Wir können ihn nicht mehr sehen, nicht mehr anrufen. Erst der Verlust eines lieben Menschen lässt einen fühlen, welch tiefes Gefühl wir für diesen Menschen eigentlich gehabt, aber nie ausgedrückt haben.*
- *Der Verstand zwingt, das Unfassbare zu begreifen. Die Seele schmerzt.*
- *Der Tod von Christine hat uns mit unermesslicher Trauer erfüllt.*
- *Zum Tode von Markus übermitteln wir Ihnen unsere tiefe Anteilnahme.*
- *Herr Seifert hat mehr als 20 Jahre mit uns zusammengearbeitet. Wir sprechen Ihnen auf diesem Wege unser Mitgefühl aus.*
- *Wir waren eng mit Frau Binder verbunden. Wir können ihren Tod nicht fassen.*
- *Ihnen und Ihrer Familie gilt unser Mitgefühl.*
- *Mit Bestürzung erfuhren wir von dem schrecklichen Ereignis. Angesichts dieses schmerzlichen Einschnittes fällt es uns schwer, die richtigen Worte zu finden.*
- *Mit großer Anteilnahme haben wir die Anzeige vom Tod Christoph Trögers erfahren.*

- *Die Nachricht vom Tod Ihrer Frau Gerlinde haben wir voll Trauer zur Kenntnis genommen.*
- *Die Nachricht vom Tod Ihres Gatten Georg hat uns tief bewegt.*
- *Mit großer Trauer haben wir vom Tod Ihrer Frau erfahren.*
- *In dieser schweren Stunde soll Ihnen dieser Brief ein kleiner Trost sein.*
- *Durch die Zeitung haben wir von dem Tod Ihres Bernhard erfahren.*
- *Leider haben wir erst heute Kenntnis von dem Tod Ihrer Ines erhalten.*
- *Mit diesem Schreiben drücken wir Ihnen und Ihrer Familie unser tiefes Bedauern aus.*
- *An Ihrer Trauer nehme ich tiefen Anteil, in stiller/herzlicher/aufrichtiger Anteilnahme.*

Zum Ausdruck der Würdigung

- *Herr Siegfried Müller wird durch seine Verdienste um den Betrieb weiterleben, sein Wirken wird uns Verpflichtung sein.*
- *Wir werden immer mit Anerkennung und Respekt von Herrn Friedrich Behrens sprechen. Sein Wirken und sein Charakter prägen die Erinnerung und das Andenken an diesen Menschen, an diese Persönlichkeit.*
- *Das Ansehen von Frau Ingeborg Ritter wird noch lange als Vorbild wirken.*
- *Herr Winfried Ahlers wird in unseren Gedanken weiterleben. Wir werden ihm ein bleibendes Andenken bewahren, die Erinnerung an ihn werden wir immer lebendig halten.*
- *Sie wird stets tief in unserem Gedächtnis verankert bleiben.*
- *Wir werden immer die Achtung vor seinem Werk und Wirken bewahren.*
- *Frau Eleonore Hüber ist zwar von uns gegangen, wird aber in unseren Gedanken Eingang finden und dort einen festen Platz einnehmen.*
- *Wir werden immer von Herrn Rüdiger Weser mit Ehrerbietung sprechen.*

- *Wir trauern heute um einen großen Förderer unseres Vereins.*
- *Wir haben heute einen langjährigen, großen Förderer und Freund unseres Vereins verloren, sein Herzblut galt unserem Verein.*

Zum Ausdruck des Mitgefühls

- *Erlauben Sie mir, Ihnen mitzuteilen, dass Sie in dieser Stunde nicht allein trauern, sondern dass ich in Gedanken bei Ihnen bin.*
- *Wir sind in dieser schweren Stunde in Gedanken bei Ihnen.*
- *Wir fühlen und trauern mit Ihnen und Ihren Kindern.*
- *Gestatten Sie uns, Ihnen auf diesem Wege unser tief empfundenes Mitleid auszusprechen.*
- *In dieser schweren Zeit fühle ich mich Ihnen und Ihrer Familie besonders verbunden.*
- *Was uns noch zu sagen bleibt, ist ein letzter Gruß.*
- *Wir sind jederzeit bereit, Ihnen unterstützend zur Seite zu stehen.*
- *Wenn Sie Hilfe benötigen, haben Sie bitte keine Scheu, es uns wissen zu lassen.*
- *Erlauben Sie uns bitte, Ihnen unsere Hilfe anzubieten.*
- *Wir wünschen Ihnen von tiefstem Herzen die Kraft, den großen Verlust zu bewältigen.*
- *Wir hoffen und wünschen, dass Sie diesen Schicksalsschlag verarbeiten und bald wieder neuen Lebensmut gewinnen.*

Abschied

- *Abschiedsgruß, Abschied nehmen für immer*
- *Der letzte Augenblick, Moment, Händedruck, Blick*
- *Das letzte Wort, die letzte E-Mail, ein letztes Lebewohl, lebt wohl!*
- *Am Bahnsteig des Lebens*
- *An der Grenze zum Tod*
- *Im Raum zwischen Leben und Tod*
- *Abgang von der Bühne des Lebens*
- *Verschwinden von den Monitoren/Bildschirmen des Lebens*
- *Letzte Ausfahrt ohne Wiederkehr*
- *Der letzte Ritt in ein entferntes Land*
- *Eine letzte Träne weinen*

- *Sanfte Züge und ein Lächeln um den Mund*
- *Sich trennen, ohne sich jemals wiederzusehen*
- *Der Tod löst die Menschen voneinander*
- *Die Trennung hinnehmen, sich trennen*
- *Der Tod scheidet die Liebenden*
- *Ein Hinübergleiten in eine andere Welt*
- *Der Steuermann gibt das Ruder aus der Hand*
- *Der Kapitän geht von Bord, tritt die letzte Reise an*
- *Blickt ein letztes Mal ohne Zorn zurück*
- *Über die letzte Brücke gehen*

Beerdigung

- *Beisetzung, Begräbnis, Bestattung, Grablegung*
- *Grab, Gruft, Grube, Urnengrab*
- *Sarg, Urne*
- *Erdbestattung, Feuerbestattung, anonyme Bestattung*
- *Beisetzen, bestatten, begraben*
- *Asche in alle Winde zerstreuen, dem Meer übergeben*
- *Urne im Weltraum kreisen lassen*
- *Zu Staub werden, hinabgesenkt in die Erde*
- *In den Schoß der Erde, der uns hervorgebracht hat, zurückkehren*
- *Wir bedecken dich mit einer letzten Hand voll Erde*
- *Sich von diesem Leben verabschieden*

Beileid

- *Sein Beileid zum Ausdruck bringen, aussprechen, bezeigen*
- *Aufrichtiges, ehrliches Beileid aussprechen*
- *Beileidsbezeigung, Kondolenz*
- *Mitgefühl zeigen, haben, zum Ausdruck bringen*
- *Wir fühlen, leiden mit Ihnen*
- *Anteil nehmen an Schmerz/Trauer*
- *Anteilnahme bezeigen*
- *Trost, Trostlosigkeit, trostlos sein, untröstlich sein,*
- *Trost geben, gewähren, schenken, spenden, zusprechen*

Hoffnung

- Hoffnung haben, schöpfen
- Wieder voller Hoffnung sein
- Sich von der Hoffnung tragen lassen
- Wieder Licht am Horizont sehen
- Wieder Lebensmut finden
- Nicht alle Hoffnung schwinden lassen, aufgeben
- Sich nicht der Verzweiflung anheim geben
- Hoffnungsschimmer, Zuversicht
- Glaube, Vertrauen, Zutrauen
- Hoffnungsfroh, zuversichtlich
- Hoffnungslos, aussichtslos

Schmerz

- Den Schmerz teilen, in sich tragen
- Schmerzvoller Abschied, Tod
- Seelenschmerz
- Schmerzen bereiten, verursachen
- Von Schmerz ergriffen
- Bitterer, bohrender Schmerz
- Von Schmerz blockiert, betäubt, gelähmt
- Schmerzen aushalten, durchstehen, überwinden
- Qual/Pein, Qualen erleiden
- In seelischer Not sein
- Sich in Bedrängnis befinden
- Von Leid erfüllt sein
- Leid aushalten, durchmachen, erdulden, ertragen, hinnehmen
- Leid auf sich nehmen, in sich tragen, verspüren
- Sich in sein Leid ergeben, fügen, schicken
- Leid auffangen, bewältigen, überwinden, überleben, verarbeiten
- Leid in Kauf nehmen, verschmerzen
- Mit seinem Leid fertig werden
- Leidensgenossen
- Unter einem Leidensdruck stehen
- Sein Kreuz tragen, auf sich nehmen

Tod

- *Ableben, Dahinscheiden, Totsein, Sterben, Heimgang*
- *Entschlafen, Entschlummern, Entschweben*
- *Tod tritt ein, naht, erlöst*
- *Plötzlicher, unerwarteter, überraschender, sekundenschneller Tod*
- *Unbegreiflicher, unfassbarer Tod*
- *Sanfter, schöner, friedvoller Tod*
- *Den Tod annehmen, akzeptieren*
- *Der Tod hat nach ihm gegriffen und ihn aus dem Leben gerissen*
- *Der Tod schloss ihr die Augen*
- *Das Leben verlieren*
- *In Verbundenheit über den Tod hinaus*
- *Tod als eine Wegmarke, ein Einschnitt des Lebens*
- *Der Tod hinterlässt eine leere Stelle/Platz*
- *Der Tod lässt uns den Schmerz zurück*

Trauer

- *Trauer empfinden, fühlen*
- *Von Trauer ergriffen, erfüllt sein*
- *Hinter einem Vorhang der Trauer leben*
- *Gram, Kummer, Leid, Schmerz, Unglück*
- *Freudlosigkeit, Traurigkeit, Trübsinn, Wehmut*
- *Depression, Schwermut, seelisches Tief, Verzweiflung*
- *Bedrückt, schwermütig, stimmungslos, unglücklich, wehmütig*
- *Den Mut verlieren*
- *Mit der Welt/dem Schicksal hadern*
- *Sich von der Welt abwenden*
- *Sich in einem Zustand der inneren Leere befinden*
- *Fassungslos über das Geschehene sein*

Trost

- *Zuspruch bekommen, brauchen, erfahren*
- *Aufrichtung, Lichtblick*
- *Perspektiven aufzeigen*
- *Mut machen, zusprechen*

Gedichte

Wir wissen nichts von diesem Hingehn, das
nicht mit uns teilt. Wir haben keinen Grund,
Bewunderung und Liebe oder Hass
dem Tod zu zeigen, den ein Maskenmund
tragischer Klage wunderlich entstellt.
Noch ist die Welt voll Rollen, die wir spielen.
Solang wir sorgen, ob wir auch gefielen,
spielt auch der Tod, obwohl er nicht gefällt.
Doch als du gingst, da brach in diese Bühne
ein Streifen Wirklichkeit durch jenen Spalt
durch den du hingingst: Grün wirklicher Grüne,
wirklicher Sonnenschein, wirklicher Wald.
Wir spielen weiter. Bang und schwer Erlerntes
hersagend und Gebärden dann und wann
aufhebend; aber dein von uns entferntes,
aus unserm Stück entrücktes Dasein kann
uns manchmal überkommen, wie ein Wissen
von jener Wirklichkeit sich niedersenkend,
sodass wir eine Weile hingerissen
das Leben spielen, nicht an Beifall denkend.

Rainer Maria Rilke

Die Linien des Lebens sind verschieden,
wie Wege sind und wie der Berge Grenzen.
Was hier wir sind, kann dort ein Gott ergänzen
mit Harmonie und ewigem Lohn und Frieden.

Friedrich Hölderlin

Denn wir sind nur die Schale und das Blatt.
Der große Tod, den jeder in sich hat,
das ist die Frucht, um die sich alles dreht.

Rainer Maria Rilke

Der Tod ist unser Vater, von dem uns neu empfängt
das Erdgrab, unsre Mutter, und uns in ihr vermengt;
wann nun der Tag wird kommen und da wird sein die Zeit,
gebiert uns diese Mutter zur Welt der Ewigkeit.

Friedrich von Logau

Es schmerzt den edlen Mann,
wenn er verlassen muss die Welt
und mit ihm unvermerkt
erlischt sein Name.

Konfuzius

Du kamst, du gingst mit leiser Spur,
ein flüchtiger Gast im Erdenland;
woher? wohin? Wir wissen nur:
aus Gottes Hand in Gottes Hand.

Ludwig Uhland

Ich glaub nicht an die Dauer,
jenseits der Kirchhofmauer,
doch wünsch ich nur so viel
mir als das letzte Ziel:
wenn abgetan des Lebens Last,
zu fühlen meine tiefe Rast.

Hieronymus Lorm

Wer reitet so spät durch Nacht und Wind?
Es ist der Vater mit seinem Kind;
er hat den Knaben wohl in dem Arm,
er fasst ihn sicher, er hält ihn warm. -
Mein Sohn, was birgst du so bang dein Gesicht?
Siehst, Vater, du den Erlkönig nicht?
Den Erlenkönig mit Kron' und Schweif?
Mein Sohn, es ist ein Nebelstreif. –
...
Mein Vater, mein Vater, und hörest du nicht,
was Erlkönig mir leise verspricht?
Sei ruhig, bleibe ruhig, mein Kind!
In dürren Blättern säuselt der Wind.
Dem Vater grauset's, er reitet geschwind,
er hält in den Armen das ächzende Kind,
erreicht den Hof mit Mühe und Not;
in seinen Armen das Kind war tot.

Johann Wolfgang von Goethe

Doch wie du auch ein Ende nimmst,
du kehrest zu den Göttern, kehrst
ins heilige, freie jugendliche Leben
der Natur, wovon du ausgingst.

Friedrich Hölderlin

Dort ist der Tod. Nicht jener, dessen Grüße
sie in der Kindheit wundersam gestreift, -
der kleine Tod, wie man ihn dort begreift;
ihr eigener hängt grün und ohne Süße
wie eine Frucht in ihnen, die nicht reift.

Rainer Maria Rilke

Durch jede Stunde,
durch jedes Wort
blutet die Wunde,
der Schöpfung fort.

Gottfried Benn

Was ist die Welt und ihr berühmtes Glänzen?
Was ist die Welt und ihre ganze Pracht?
Ein schnöder Schein in kurz gefassten Grenzen,
ein schneller Blitz bei schwarz gewölkter Nacht.

Hofmann von Hofmannswaldau

Was ist die Welt? Ein ewiges Gedicht,
daraus der Geist der Gottheit strahlt und glüht,
daraus der Wein der Weisheit schäumt und sprüht ...

Hugo von Hofmannsthal

Denn, Herr, die großen Städte sind
verlorene und aufgelöste;
wie Flucht vor Flammen ist die größte, –
und ist kein Trost, dass er sie tröste,
und ihre kleine Zeit verrinnt.

Rainer Maria Rilke

Über allen Gipfeln
ist Ruh',
in allen Wipfeln
spürest du
kaum einen Hauch;
die Vögelein schweigen im Walde.
Warte nur! Balde
ruhest du auch.

Johann Wolfgang von Goethe

Zauber der Erinnerungen,
heil'ger Wehmut süße Schauer
haben innig uns durchklungen,
kühlen unsre Glut.
Wunden gibt's, die ewig schmerzen,
eine göttlich tiefe Trauer
wohnt in unser aller Herzen,
löst uns auf in eine Flut.

Novalis

Was hohen Trachtens den Verstand
und heißen Schlags das Herz bewegt,
das alles wird zum Possentand,
wenn sich der Mensch zum Sterben legt.

Wilhelm Jensen

Erscheinen meines Gottes Wege
mir seltsam, rätselhaft und schwer,
und gehn die Wünsche, die ich hege,
still unter in der Sorgen Meer,
will trüb und schwer der Tag verrinnen,
der mir nur Sorg und Leid gebracht,
dann darf ich mich auf eins besinnen:
dass Gott nie einen Fehler macht.
Wenn unter ungelösten Fragen
mein Herz verzweiflungsvoll erbebt,
an Gottes Liebe will verzagen,
weil sich der Unverstand erhebt,
dann darf ich all mein müdes Sehen
an Gottes Rechte legen sacht
und sprechen unter vielen Tränen:
dass Gott nie einen Fehler macht.
Drum still, mein Herz, und lass vergehn,
was irdisch und vergänglich heißt.
Im Lichte droben wirst du sehn,
dass gut die Wege, die er weist.
Und solltest du dein Liebstes missen,
ja geht' s durch finst're, kalte Nacht,
halt fest an deinem sel'gen Wissen:
dass Gott nie einen Fehler macht.

Franz Rieder

A

B

D

E

F

G

H

J

K

L